華夏精神

中國傳統　經典與解釋

　　入其國，其教可知也……其爲人也：温柔敦厚而不愚，則深於《詩》者也；疏通知遠而不誣，則深於《書》者也；廣博易良而不奢，則深於《樂》者也；絜静精微而不賊，則深於《易》者也；恭儉莊敬而不煩，則深於《禮》者也；屬辭比事而不亂，則深於《春秋》者也。

　　　　　　——《禮記·經解》

中國傳統 經典與解釋
Classici et Commentarii
經典與解釋

老子歷代注疏
李爲學 ◉ 主編

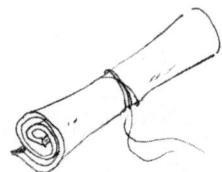

道德真經藏室纂微篇

［宋］陳景元 ◎ 撰
張永路 ◎ 校注

華夏出版社
HUAXIA PUBLISHING HOUSE

蘭州大學中央高校基本科研業務費資助項目
（項目批准號：14LZUJBWZY051）

"老子歷代注疏"出版說明

老學在中華古學中看似並非主流(《道德經》一書畢竟未列於"十三經"),但在我國歷代文教中,實際具有極其重要的地位。且不論道家源遠流長以及與儒家和法家的關係,歷代名臣甚至一些皇帝也留下讀《道德經》的心得,表明老學關涉中國政治哲學的根本智慧。老學在古學中的環中之位,提醒我們不可以一曲之見管窺中華道統;老學與理學、佛學之間的關係,亦使我們能夠看到,華夏道統的屈伸以及由此而來的文明運命的變化。

"老子歷代注疏"旨在讓老學史上的重要文獻走出故紙堆,使之成為當今好古之士的修閑讀物。我們以《正統道藏》以及《中華道藏》為底本,選擇各時代具代表性的《道德經》注疏加以校注。校注方式依照"中國傳統:經典與解釋"系列旨在普及古典學術的編輯體例:繁體橫排,施以現代標點,針對今人難讀難解字詞給出拼音和釋義,文物典章人物職官隨文簡注。我們無意為有能力直接讀線裝書的今人畫蛇添足,也無意校勘古人文字訛誤,僅願為古典初學者進入老學的古傳文脈疏通文字,使歷代讀書人的《道德經》繹讀能夠成為滋養當代心靈的"活水"。

古典文明研究工作坊
中國典籍編注部己組
2014 年 8 月

目　　録

校注前言 …………………………………………… 1

開題 ………………………………………………… 1

老子論 ……………………………………………… 9

道　經

　卷一 ……………………………………………… 17

　卷二 ……………………………………………… 37

　卷三 ……………………………………………… 57

　卷四 ……………………………………………… 77

　卷五 ……………………………………………… 93

德　經

　卷六 ……………………………………………… 111

　卷七 ……………………………………………… 135

　卷八 ……………………………………………… 152

　卷九 ……………………………………………… 174

　卷十 ……………………………………………… 193

參考文獻 …………………………………………… 211

校注前言

《道德真經藏室纂微篇》,北宋道士陳景元編撰。陳景元,字太初(一說字太虛),號碧虛子,北宋建昌南城(今屬江西)人,生於北宋仁宗天天聖三年(1025年),卒於宋哲宗紹聖元年(1094年),享壽七十。

陳景元曾祖父、祖父皆不仕,其父擢進士第,解朐山令,寓居高郵(今江蘇高郵),以疾終。宋仁宗慶曆二年(1042年),陳景元拜高郵天慶觀禮崇道大師韓知止爲師,次年試經成爲道士。後游天臺山遇陳摶弟子張無夢,從其學并得《老》、《莊》微旨。此後隱逸於江淮之間,以琴書自娛。神宗時,陳景元赴京師,講《道德經》、《南華經》,引來公卿大夫爭相結識,由此其名漸爲神宗所聞,并賜號"真靖大師"。熙寧五年(1072年),陳景元獻所注《道德經》,也就是本書《道德真經藏室纂微篇》,神宗稱善,認爲"剖玄析微,貫穿百氏,厥旨詳備,誠可取也",并擢升其爲右街都監同簽書教門公事,由此"一時之榮,鮮有其比"。數年後,陳景元欲請辭歸隱,朝廷不允,更加多校書、定禮等諸事,而陳景元也借此整理道教事宜。在此期間,陳景元與公卿大夫交往甚密,如王安石、司馬光等人都有往來。① 可以說,陳景元憑藉

---

① [元]薛致玄撰:《道德真經藏室纂微開題科文疏》,《正統道藏》第13冊,第730頁,文物出版社、上海書店、天津古籍出版社1988年影印涵芬樓本。

其深厚學識，無論是在道教中，還是當時士大夫階層，都有著廣汎影響。

陳景元一生著述頗豐，計有《藏室纂微》二卷、《南華經章句》七卷、《總章》三卷、《抄義》三卷、《續高士傳》等。本書大致成於北宋神宗熙寧五年(1072年)，刊於南宋理宗寶祐六年(1258年)。《宋史·藝文志》載有"陳景元《道德注》二卷"，又有"碧雲子《老子道德經藏室纂微》二卷(不知名)"。碧雲子即碧虛子陳景元，此時《老子道德經藏室纂微》尚爲二卷，明代《正統道藏》析其爲十卷，收入洞神部玉訣類。历代注《老》者称引此书众多，蒙文通先生曾說："唐代道家，頗重成(玄英)、李(榮)；而宋代則重陳景元，於徵引者多，可以概見。"① 足见此书在《老子》注疏史上的地位和影响。

對於此書，南宋道士楊仲庚曾說："(《道德經藏室纂微篇》)蓋摭諸家注疏之精華，而參以師傳之秘，文義該贍，道物兼明，發揮清靜之宗，丕贊聖神之化。"(見本書序)此書之所以如此重要，就在於陳景元對老子思想進行的創新性解讀和闡釋，同時其中的一些思想端緒也在一定程度上影響了宋明理學的思想體系構建。首先，陳景元在書中區分了"常道"與"可道"。在解"道，可道，非常道"時，他說："常道者，自然而然，隨感應變，核物不窮，不可以言傳，不可以智索，但體寞造化，含光藏暉，無爲而無不爲，默通其極耳"，而"今標道者，已是強名，便屬可道。既云可道，有變有遷，有言有說，是曰教典，何異糟粕"。常道爲體，而可道爲用，"至於仁、義、禮、智、信，皆道之用。用則謂之可道。可道既彰，即非常道"。儒家仁義禮智信五常即是道之用，他後來又說："君子以無爲自然爲心，道

---

① 蒙文通著：《道書輯校十種》，第710頁，成都，巴蜀書社，2001年。

德仁義爲用。"很明顯,陳景元在此力圖匯通道儒,以道爲本,儒家的道德倫理規範則成爲用。這是對唐代以來道教"道本儒末"主張的總結,也是對後世儒道關係的判定。其次,陳景元還將"氣"引入老子思想詮釋中,并與"性"相結合。在解"知不知,上;不知知,病"時,他說:"夫聖人禀氣純粹,天性高明,内懷真知,萬事自悟,雖能通知而不以知自矜,是德之上也。中下之士,受氣昏濁,屬性剛强,内多機智,而事夸大,實不知道而强辯,飾說以爲知之,是德之病也。"聖人與下士的區別在於所秉受之氣不同。儘管道爲一,但是因秉受之氣不同,人也就出現了差異。這種思想與宋明理學對"天地之性"、"氣質之性"的區分相同,亦可見陳景元與宋儒之間的關係。正如蒙文通先生所說:"及讀碧虚之注,而後知伊洛所論者,碧虚書殆已有之。其異其同,頗可見學術蛻變演進之迹。其有道家言而宋儒未盡抉去,翻爲理學之累者,亦可得而論。皆足見二程之學,於碧虚淵源之相關。"①最後,在政治層面,陳景元也創新了老子治國思想。在解"爲無爲,則無不治矣"時,他說:"爲無爲,猶言行無爲之道也。無爲者,謂不越其性分也。性分不越則天理自全,全則所爲皆無爲也。物物無爲,則貴尚貪求之心泯然都忘,故淳風大行,誰云不治。"無爲并非無所作爲,而是不越其性分,也就是不做自己本性之外的事情,本性之内則是需有爲的。這種有爲也就是無爲,即"所爲皆無爲也"。"物物無爲",則"淳風大行",天下大治。②這無疑是陳景元在宋代主政道教官方事務的經驗總結和創

---

① 蒙文通:《古學甄微》,第 374 頁,成都,巴蜀書社,1987 年。
② 參考尹志華:《北宋道士陳景元的老學思想新探》,《世界宗教研究》,2004 年第 1 期。

新之處。

　　對於本書的校注工作，即以《正統道藏》本爲底本，現代標點則參考《中華道藏》本與蒙文通《校理陳景元〈老子注〉》》①。書中陳景元注文爲宋體小四字號，《老子》經文爲同號黑體字以示區別。陳氏於每章後皆附簡要解説，以總結前章文意并引出后章内容，此部分皆做宋體小五字號。校注者所注部分亦小五字號，同時再加括號。由於原書未區分章節，爲讀者便，校注者於每章後特做標示，如"（以上第一章）"等。書中校注者所做注解簡短者以文中夾注形式出現，人名、書名及注文較長者皆以脚注做出。陳氏注文中還引用大量前人注解，如《老子指歸》、《老子河上公章句》、《道德真經廣聖義》、《唐玄宗御製道德真經疏》等多種注本，文中還摘引《老子》、《莊子》、《論語》、《周易》等多種經傳，校注皆標示出處，其中文字如有與本經注不一致者，爲遵循陳書原貌，所異者皆依陳書，不做改正，不出校記。另外，《正統道藏》本用字并不統一，如"於"和"于"、"寞"和"冥"、"樸"和"朴"、"昇"和"升"、"歛"和"斂"、"汙"和"污"、"兇"和"凶"、"陷"和"陷"等皆并存，對於此類文字，皆依循底本舊貌，亦不做更改，還請讀者留意。

校注者
二零一五年十月

---

　　① 蒙文通認爲《宋史・藝文志》中《道德注》與《老子道德經藏室纂微》實則一書之原本與修訂本，故其改《正統道藏》本《道德真經藏室纂微篇》爲《道德經注》，可作參考。

開　　題

　　老子,姓李,名耳,字聃,或字伯陽。① 按道家經籍所說,則挺生空洞(化生元氣的太虛之境)之先,變化自然之妙,而常居天上,代爲帝師,此則六合(天地四方)之外事,故略而不論也。非其逕庭之語者,舉其大槩(gài,同"概"),云:老子母感大流星而有娠,應見于李氏,降生于商室,於商十八王陽甲②之十七年,歲在庚申,寄胎託娠,經八十一年,極太陽(九爲陽數,九九乃極陽之數,故爲太陽)九九之數。其母常逍遙李樹之下,而生老子。老子生而皓首(白頭),故能言,因指李曰:"此吾姓也"。又云:"父姓李,名無果。母尹氏,名益壽。"當商

---

① 歷來關於老子其人其事都存在著爭議,司馬遷便在《史記·老子韓非列傳》中並載老子的三個版本,即李耳、老萊子與周太史儋。現在學術界一般認爲老子即李耳(約公元前571年—前471年),曾任周"守藏室之史",著《道德經》。

② 陽甲:實則商朝第十九位王,商王祖丁之子,商王盤庚之兄。《史記·殷本紀》載:"帝南庚崩,立帝祖丁之子陽甲,是爲帝陽甲。帝陽甲之時,殷衰。"

二十二王武丁①之九年，歲在庚辰，二月十五日卯時生也。或云老子身長八尺八寸，黃色(面容金色)美眉，廣顙(sǎng,額頭)聃(dān,耳長大)耳，大目疎(shū,古同"疏")齒，方口厚唇，額有三五達理(理,文也,謂額間似有三五之字通達之紋)，日角月淵(兩額間有日月之形)，鼻有雙骨(言其有三竅)，耳有三漏(兩耳各有三孔)，足蹈二午(一縱一橫爲午,即足有交叉之紋)，手握十文(掌心有十字之紋)，蓋稟氣至清，而受形特異。②生於楚國苦縣瀨鄉曲仁里(地名,瀨鄉也作厲鄉,在今河南鹿邑)，渦水(水名,今渦 guō 河,淮河第二大支流)之陰。至紂③二十一年丁卯歲，居岐山(山名,在今陝西岐山縣)之陽。西伯④聞之，詔爲守藏史(司馬遷說老子曾任"周守藏室

①　武丁：實則商朝第二十三位王，商王盤庚之侄，商王小乙之子。夏商周斷代工程將其在位時期定爲公元前1250年至前1192年，廟號高宗。在其統治時期，商朝再度強盛，史稱"武丁中興"。

②　東晉葛洪《神仙傳》所載是"日角月懸，鼻純骨雙柱，耳有三漏門，足蹈二五，手把十文"，統言老子具聖人異相。

③　紂：帝辛，商朝最後一任君主，商王帝乙之子，在位時間爲公元前1075年至前1046年。有關帝辛的歷史存在較多爭議，子貢曾說："紂之不善，不如是之甚也。是以君子惡居下流，天下之惡皆歸焉。"(《論語·子張篇》)

④　西伯：周文王，姬姓，名昌。在其主政期間，周逐漸強盛起來，爲武王伐商奠定了堅實的基礎。

之史",即藏書室之史)。武王①克商,轉爲柱下史②,歷成、康之世③,潛默卑秩。居周久之,見周衰而退官。至昭王④二十五年癸丑歲,五月二十九日壬午,乃乘青牛薄軬(fǎn,車棚)車,徐甲⑤爲御,遂去周。關令尹喜⑥,周大夫也,姓尹,名喜,字陽公,著書九篇,說道德之事。或今《西升經》(全稱《老子西升經》,作者與年代不詳)是,又莊、列(即《莊子》《列子》)所引之句或言。⑦善內學星宿,服精華,隱德行仁,時人莫知也。喜姿形長美,雅好典墳(三墳五典的略語,泛指各種書籍),善天文秘緯(讖緯之書),仰觀俯察,莫不洞徹,雖鬼神之變無以匿。其情大度恢傑,不修俗禮,慈儉博愛,損身濟物,入爲東宮賓

① 武王:周武王,姬姓,名發,文王次子,在位時間爲公元前 1046 年至前 1043 年,周王朝的建立者,於公元前 1046 年滅亡商朝。

② 柱下史:唐司馬貞在其《史記索隱》中說:"周秦皆有柱下史,謂御史也,所掌及侍立恒在殿柱之下,故老子爲周柱下史。"

③ 成:周成王,姬姓,名誦,武王之子,在位時間爲公元前 1042 年至前 1021 年;康:周康王,姬姓,名釗,成王之子,在位時間爲公元前 1020 年至前 996 年。史載"成康之際,天下安寧,刑錯四十餘年不用",乃西周王朝的盛世。

④ 昭王:周昭王,姬姓,名瑕,康王之子,西周第四任君主,在位時間爲公元前 995 年至前 977 年。

⑤ 徐甲:據晉代葛洪《神仙傳》記載,徐甲爲老子傭工,本爲亡人,老子以《太玄符》使之復活。

⑥ 關令尹喜:歷史是否有其人可存疑。有學者認爲應是關令尹,見老子來而喜,後世訛爲姓尹名喜。《列子》、《莊子》、《呂氏春秋》載有關尹子,其思想屬道家學派。

⑦ 《正統道藏》本缺一"言"字,僅殘一"亠",據《中華道藏》本補。

友,出補函谷關(遺址位於今日河南省靈寶市東北方)令。每望霄漢(喻指天空),有升虛(騰空)之思。老子未至關時,喜登樓四望,見東方有紫雲西邁,知有真人當過京邑,乃戒嚴,門吏掃路焚香以俟應兆。至七月十二日甲子,老子到關。喜擎跽(jì,長跪)曲拳,邀迎就舍,巾櫛(zhì,梳子和篦子的總稱)盥(guàn,洗)漱,齋戒問道,至于十二月二十五日,退官託疾,二十八日,授《道》《德》二篇。喜叩頭請隨老子西徂(cú,往)流沙。老子曰:"汝未得道,惡能隨吾遠適。夫流沙異域,獷(guǎng,粗野)俗難化,而何術可禦邪?唯生道入腹,神明皆存,而能除垢止念(排出雜念、停止思慮),靜心守一,千日清齋,鍊形入妙(修煉形體至於妙道),而後可尋吾於蜀郡青羊之肆,其若之何?"喜唯唯而謝。老子忽然騰空,冉冉升乎太微①。喜候光景(光影)斯散,影響蕭寂,樓居清齋,屏絕童隸,誦經三年,精思千日,心凝形釋,骨肉都融②。已而窮數達變之微,因形移易之妙,無不盡之矣。③於是去家,超然高蹈,既往青羊之肆,乃會老子。老子命喜爲文始先生,俱遊乎流沙之域。或曰

---

① 太微:古代星官名。三垣之一,位於北斗之南,軫、翼之北,大角之西,軒轅之東。諸星以五帝座爲中心,作屏藩狀。古人以其爲天庭所在。

② 心凝形釋,骨肉都融:語出《列子·黄帝》,指精神凝聚,形體散釋,骨肉全部融化,感覺不到肉體的存在。

③ 窮數達變、因形移易:語出《列子·周穆王》,指窮二儀之數,掌陰陽之紀,然後可以變化萬形。

昭王時出關,化導西胡,至幽王①時,卻還中夏(華夏中原)。故孔子適周,嚴事老子而問禮焉。老子曰:"子所言者,其人與骨皆已朽矣,獨其言在耳。且君子得其時則駕,不得其時則蓬累而行(若蓬草飄轉而行,喻行止不由己)。吾聞之,良賈深藏若虛,君子盛德容貌若愚,去子之驕氣與多欲,態色與淫志,是皆無益於子之身,吾所以告子若是而已。"孔子去,謂弟子曰:"鳥吾知其能飛,魚吾知其能遊,獸吾知其能走。走者可以爲罔(古同"網"),遊者可以爲綸(釣綫),飛者可以爲矰(zēng,射鳥之短箭,綁有絲繩)。至於龍,吾不能知其乘風雲而上天。吾今日見老子,其猶龍邪。"(語出《史記·老子韓非列傳》)是時天下闇,王道衰,故再出關。或言二百餘歲,以其修道而養壽也。老子受學於容成(容成公或容成子,傳說中爲黃帝大臣),問道於常摐(chuāng,傳說中老子之師),皆古之隱君子也。老子之子,名宗。宗仕魏,爲將軍,封於段干(魏國城邑)。宗之子注,注之子宮,宮之遠孫假,假仕於漢孝文帝②。假之子解,解爲膠西王卬③(áng)太傅(古代官職,漢代位列三公,輔弼太子),因家于齊。夫有天地則有道術,道衛之士何時暫乏。

---

① 幽王:周幽王,姓姬,名宮涅(shēng),周宣王之子,西周最後一位君主,在位時間爲公元前782年至前771年,最終爲犬戎所殺。

② 漢孝文帝:劉恒(公元前202年—前157年),漢高祖劉邦第四子,在位期間勵精圖治,開啓了歷史上著名的文景之治。

③ 膠西王卬:劉卬(?—公元前154年),西漢齊悼惠王劉肥之子,受封膠西王,參與七王之亂,兵敗自殺。

自伏羲①以來，至于三代，顯名道士，世世有之。論之老子，本亦人靈，蓋得道之尤精者也。時俗見其久壽，又生而皓首，故曰老子。老者尊稱也，子者通號也。人受命自有通神達見者，禀氣與常人不同，應爲道主，故能爲天神所濟，衆仙所從。是以所出度世之法，若九丹八石②，玉醴金液（道教內丹名詞，指唾液），存真守元，思神歷藏，行氣鍊形，消災辟惡，治鬼養性，絕穀變化③，猒（yàn，同"厭"）固教戒，役使鬼魅（mèi，同"魅"），皆老子常所經歷救世之術，非至極者也。④已而治家治世，皆大道之土苴（jū，雜草），聖人之餘事也。老子恬淡無爲，專以長生爲務，故在周雖久而名位不遷者，蓋和光同塵，內實自然。所貴道，虛無因應，變化無爲，故著書稱微妙難識，道成乃去，是所謂博大真人也。且老子之子孫祭祀不輟而升于玉京（天帝所居之處），莊子之鼓盆送妻而入

---

① 伏羲：古代傳說人物，位居三皇之首，與女媧同被尊爲人類始祖，據傳曾創文字、演八卦。

② 九丹：道教煉丹名詞，謂服後可長生或成仙的丹藥，即丹華、神符、神丹、還丹、餌丹、煉丹、柔丹、伏丹、寒丹；八石：道士煉丹常用八種礦石藥物，説法不一，有說硃砂、雄黃、雲母、空青、硫黃、戎鹽、硝石、雌黃，有說巴砂、越砂、雄黃、雌黃、曾青、礬石、磁石、石膽，有說石眾、石腦、流丹、流珠、飛節、黃子、石髓、桂英等八種礦物。

③ 絕谷：道教方術名詞，即不食五穀。道教認爲人體內有三蟲或三尸，以穀氣爲生，若人不食五穀，即可令其死亡。

④ 以上皆道教修行之法，其中有外丹所謂服藥石者，有内丹所謂凝神煉形者，也有符籙役使鬼神之訣，皆救世之術。

侍帝宸（chén。北極星所在），皆爲道之宗師者，使後世之人信長生之可學，非神異而學不能及也。是曰方外之教，有淳古之風焉。歷代尊崇廟貌不絕。至唐乾封元年（666年），高宗（唐高宗李治，628年—683年）詔贈老子爲玄元皇帝。光宅元年（684年），太后（武則天，624年—705年，時爲唐睿宗皇太后）詔贈尹氏爲先天太后，故爲有唐聖祖焉。昔老子著書曰《道》《德》二篇，今曰《老子道德經》者，當是關尹受書之後標題云耳。夫道者杳然難言，有物混成，強名曰道，以其通生萬物，故訓曰通。又：道，蹈也。況道路之道，使人佩服其言，而履行之也。道者德之欽，有道則必有德。德，得也。内得於心，外得於物，得而不喪也，故物得以生，謂之德。有德則必全道，道德相須而不相離，故曰道德也。經者，常也，法也。言其理有常可法，如九經可法之義。又：經者，書之尊稱也。今言《道經》上、《德經》下者，上篇之首取其"道，可道，非常道"，下篇之首取其"上德不德，是以有德"，而題之也。後之說者，故隨文生義，言道非德無以顯，德非道無以明。道無爲無形，故居化物之先。德有用有爲，故在生化之後。道衰而有德，德衰而有五常，是明道德爲衆行之先，五常之本。故《道經》居先，《德經》次之，上、下二卷，法兩儀（即陰陽）之生育，八十一章，象太陽（九九極陽之數，故言太陽）之極數。是以上經明道以法天，下經明德以法地。天數奇，故上經三十有七章。地數偶，故下經四十有四章。① 此皆起自先賢，且仍舊貫。此經以重淵②爲宗，自然爲體，道德爲用，其要在乎治身、治國。治國則"我無爲而民自化，我無欲而民自樸"。治身則"塞其兌，閉其門"，"谷神不死"，"少私寡欲"。此其要旨，可得而言也。若夫"視之不見，聽之不聞""淵之又淵""衆妙之門"，殆不可得而言傳也。故遊其廊廡(wǔ,堂前的廊屋)者，皆自以謂升堂覩(dǔ,同"睹")奧，及其研精覃(tán,深入周詳)思，然後於道知其秋毫之端，萬分未得處一焉。輒依師授之旨，略纂昔賢之微，其如怳(huǎng,同"恍")惚杳冥(míng,同"冥"，奧秘莫測)，在達者之自悟耳。

---

① 天數奇，地數偶：《易·繫辭上》："天一，地二；天三，地四；天五，地六；天七，地八；天九，地十。"以一、三、五、七、九等五個奇數為"天數"，以二、四、六、八、十等五個偶數為"地數"。

② 重淵：即重玄，語出《老子·第一章》"玄之又玄，眾妙之門"，重玄學是唐代道教的重要思想，以成玄英爲代表，其形成深受魏晉玄學影響，同時也受到同期佛教的影響。

老子論

天下無二道,聖人無兩心,其著書所以傳道,其垂教所以救時。救時之弊不同,故迹之出亦異,其迹既異,故立言有不同,使後世之士於此異觀,而以孔、老爲殊訓也。苟通其道而不窒以時,會其心而不拘以迹,得其意而不泥以言,則諸聖之書相爲終始,固未嘗少戾（h,違背、違反）也。自三代（夏商周三朝）之季,聖王不作,天下溺於文勝之弊,無以反其情性而復其初。道降德衰,未有甚於此時者也。老聃氏生於周,以濡弱謙下爲表,以虛空不毀萬物爲實,故其去藏室而隱也。關令尹喜請著書,遂作八十一章,以暢道德之旨。其辭簡,其理遠,以深爲根,以約爲紀,以本爲精,以末爲粗,必欲使斯民復結繩之朴而後已。其所以扶教救時,可謂切至矣。不幸後世不見天地之全功、聖人之大體,儒者若馬遷氏（即司馬遷）,至謂學儒者黜老,學老者黜儒,道不同不相爲謀也。楊雄氏①曰："絕滅禮樂,吾無取焉。"(語出《法言·問道卷》)韓愈氏曰："坐井觀天,其見者小也。"(語出《原道》)三君子者一,何不知聖人之甚歟。蓋道猶歲也,聖人時也。夏以生出爲功,秋以收歛(古同"斂")爲德,一則使之榮華而蕃鮮,一則使之凋悴而反本,相因而歲功成焉。且自伏羲始造法,迄于堯舜三代,禮樂制作,炳然大備,則夏之時也。當老子之時,禮文過度,若不歛浮華而歸道德,聖功何由而成哉?其言"失道而後德",至"失義而後禮,禮者忠信之薄而亂之首"者(語出《老子·第三十八章》),謂天下莫尊於道德,而莫卑於禮。苟自禮反之於仁義,仁義復歸於道德,其於治天下有不足爲矣。所以黜仁義禮智而皆以道德著書,詔天下後世。其言"有物混成,先天地生"(語出《老子·第二十五章》),夫太易②之初,渾淪③而已,無形體之可見,無氣質之可名,逮乎易變而爲一,始有數矣。一變而爲七,七變而爲九,九者究也,乃復歸而爲一,即其所生而歸之也。如此變化往復,何有窮盡。故老氏著書九九篇,以明陰陽消

---

① 楊雄(公元前53年—公元18年):即揚雄,字子雲,西漢蜀郡成都(今四川成都郫縣)人,曾任給事黃門郎,仿《論語》作《法言》,仿《易經》作《太玄》。

② 太易:《列子·天瑞》載:"太易者,未見氣也。"指具體形物產生之前的原始混沌狀態。

③ 渾淪:《列子·天瑞》載:"渾淪者,言萬物相渾淪而未相離也。"形容道之初始狀態。

息、禍福倚伏、天道往來、人事終始，無不備焉。孔子與老氏同時，皆著書以垂不朽。孔子曰："我學不厭（滿足）。"（語出《孟子·公孫丑上》）老氏則絕學。孔子曰："必也聖乎！"（語出《論語·雍也》）老氏則絕聖。孔子貴仁義，老氏棄仁義。孔子舉賢才，老氏不尚賢。孔子曰："智者不惑。"（語出《論語·子罕》）老氏曰："以智治國，國之賊。"（語出《老子·第六十五章》）其立言大率相反，是豈故相乖背耶。蓋孔子立道之常以經世變，老子明道之本以救時弊，其勢不得不然也。絕學則使己任其性命之情，而造坐忘①日損②之妙。絕聖則使人安其性命之情，而無驚愚明污③之志。棄仁義則無蹩躠（biéxiè。用力盡心）踶跂（zhìzhī。勉力矜持）④之私，使天下不獨親其親、子其子，而同歸於孝慈。不尚賢則無儒、墨畢起之爭，使天下無夸跂（qǐ）相軋之心。以智治國國之賊，言澆（淺薄）僞多而智愈困，孰若政悶悶而民淳淳哉？⑤ 其所以立言不同者以此。

---

① 坐忘：語出《莊子·大宗師》："墮肢體，黜聰明，離形去知，同於大通，此謂坐忘。"指心法相應，物我兩忘。

② 日損：語出《老子·第四十八章》："爲學日益，爲道日損，損之又損，以至於無爲，無爲而無不爲。"

③ 驚愚明污：《莊子·山木》載："子其意者飾知以驚愚，修身以明汙。"指裝飾才智，驚異愚俗，修潔身心，顯他污染。

④ 蹩躠踶跂：《莊子·馬蹄》載："及至聖人，蹩躠爲仁，踶跂爲義，而天下始疑矣。"

⑤ 政悶悶而民淳淳：語出《老子·第五十八章》："其政悶悶，其民淳淳；其政察察，其民缺缺。"指政治寬厚，人民便淳樸。

及莊周之書,寓言十九(寄託之言,十之有九),發明玄旨,多假孔、老相爲問答,而傳亦載其問禮之事,使其道異耶。何爲有竊比老彭①及猶龍之語,是必有名異而實同者。後世束教之士,以迹觀聖人,相去益遠矣。老子曰:"吾言甚易知、甚易行,天下莫能知、莫能行。"(語出《老子·第七十章》)萬世之後,一遇聖賢,既以其所知行之,而成清静之治。又以其所言發之,而爲博大之書。使四海還淳,道德不廢,抑何幸歟!抑何幸歟!

文康公葛邲(bì)次仲②述

碧虛子陳君景元,師事天台山鴻濛子張無夢③,得老氏心印(以心印道),有《道德經藏室纂微篇》,蓋摭諸家注疏之

---

① 老彭:一說爲老子與彭祖二人,一說僅指彭祖一人。彭祖乃中國古代神話人物,傳說以長壽著名,達八百歲之久。道家將其奉爲思想先驅和奠基人。

② "文康公葛邲次仲"或有誤,文康公爲葛勝仲諡號,葛邲爲葛勝仲之孫,葛次仲爲葛勝仲之長兄。葛次仲(1063年—1121年),字亞卿,常州江陰(今屬江蘇)人,宋哲宗紹聖四年(1097年)進士,官至國子監祭酒;葛勝仲(1072年—1144年),字魯卿,宋哲宗紹聖四年(1097年)進士,官至華文閣待制,卒諡文康;葛邲(1135年—1200年),字楚輔,宋孝宗隆興元年(1163年)進士,官至左丞相。

③ 鴻蒙子張無夢:字靈隱,生卒年不詳,鳳翔盩厔(zhōuzhì,今陝西周至)人,北宋著名道士。

精華，而參以師傳之秘，文義該贍，道物兼明，發揮清靜之宗，丕贊聖神之化。熙寧中(北宋神宗年號,1068年—1077年)，召對便殿，因進所著。睿(ruì,臣下對皇帝的敬稱)眷殊渥(皇恩浩蕩之義)，宣附《道藏》，鎮諸名山，四海學徒，典刑是賴。仲庚西蜀末裔，訪道東南，課習是經，垂髫逮白，義海重玄，望洋竊歎，幸窺《纂微》之要，若披雲霧而覩日月也。第以世無善本，流行未博，敬就藏帙，詳加校正，募化善士，命工刊梓，以傳不朽。上答玄元道祖(指老子)立言開教之恩，次酬父師生成訓迪之賜，普祈同志，潛心玩繹，因言會道，俱證無爲，益衍真風，保安國祚，庶表林下野人報本之萬一云。

皇宋寶祐(南宋理宗年號)戊午(1258年)上元日，瞻山靈應觀開山管轄住持觀事臣楊仲庚①拜手謹書。

---

① 楊仲庚：生卒年不詳，南宋道士，善堪輿星象之學。

道　經

上篇明道以常道爲宗。常道者,虛心以待物者也。

序

卷 一

道，可道，非常道。

夫道者，杳（yǎo，高遠）然難言，非心口所能辯。故心困焉，不能知。口辟焉，不能議。在人靈府（精神之宅，心之謂也）自悟爾，謂之無爲自然。今標道者，已是強名，便屬可道。既云可道，有變有遷，有言有說，是曰教典，何異糟粕。嘗試舉揚，且從訓釋曰："道，通也。"萬物得之，無所不通。亦曰："道，蹈也。"取道路以爲稱。《說文》①曰："一達謂之道。"先賢令人體而行之，故曰道也。至於仁、義、禮、智、信，皆道之用。用則謂之可道。可道既彰，即非常道。常道者，自然而然，隨感應變，核物不窮，不可以言傳，不可以智索，但體冥造化，含光藏暉，無爲而無不爲，默通其極耳。

---

① 《說文》：即《說文解字》，東漢許慎著，乃中國第一部系統分析漢字字形和字源的字書，對後世文字學發展起到了極爲深遠的影響。

嚴君平①曰:"可道之道,道德彰而非自然也。今之行者,晝不操燭,爲日明也。日明者,不道之道常也。操燭者,可道之道彰也。夫著於竹帛,鏤(lòu,雕刻)於金石,可傳於人者,可道之道也。若乃可傳而不可受,可得而不可見,自本自根,未有天地,自古以固存,神鬼神帝,生天生地者,常道之道也②。"(語出《老子指歸·道可道篇》)③五千文之藴發揮自此數言,實謂玄之又玄,神之又神也。

名,可名,非常名。

道者,體也。名者,用也。(體用:中國哲學的一對重要範疇,常指道之本體與其發用。)用因體生,名自道出。既標其名,即可稱用。稱用既立,故曰可名。可名既著,即非常名。常名者,謂應用無方,支離其德也。嚴君平曰:"可名之名,功名顯而非素真也。"(語出《老子指歸·道可道篇》)列子④居鄭圃四十年,人無識者。國君、卿大夫視之猶衆庶,此真守常

---

① 嚴君平(公元前86年—公元10年):名遵,蜀郡成都人,原姓莊,班固作《漢書》爲避明帝劉莊諱,改莊爲嚴。西漢著名思想家,所著《老子指歸》是道家重要文獻。

② 《莊子·大宗師》載:"夫道,有情有信,無爲無形;可傳而不可受,可得而不可見;自本自根,未有天地,自古以固存;神鬼神帝,生天生地。"老莊之道先天地而生,無形無象,無名無爲,不可以言傳,故其玄而又玄、神而又神。

③ "今之行者"以下不見於今本《老子指歸》。

④ 列子:名御寇,戰國時期鄭國人,生卒年代不詳。道家學派的重要人物,主張貴虛,著有《列子》一書,或說此書爲晉代張湛所作。

名者也。

無名，天地之始。

無名者，指道而言也。萬化未作，無以強名。及妙本之始既降，渾淪之樸①將離，則《易》之太極生兩儀也。嚴君平曰："無名無朕（徵兆、迹象），與神合體，天下怵之，莫知所以，變於虛無，爲天地始。"（語出《老子指歸·道可道篇》）此體道者也。（無名，言道之體）

有名，萬物之母。

有名者，指天地而言也。天施地化，茂養萬物。亭之毒之②，如母養子。故曰有名，萬物之母。夫大道杳冥，豈繫乎有名無名哉。聖人約用立教，以明本迹同異爾。凡日新之道，皆曰無名，是故始萬物者，爲無名。成萬物者，爲有名也。嚴君平曰："有名者之爲化也。尊道德，貴神明，師太和（天地陰陽冲和之氣），則天地，故爲萬物母。"（語出《老子指歸·道可道篇》）此用道者也。（有名，言道之用）

---

① 渾淪之樸：《列子·天瑞》載："氣形質具而未相離，故曰渾淪。渾淪者，言萬物相渾淪而未相離也。"妙本之始、渾淪之樸，皆指萬化爲作之時，其後天地陰陽始分，即太極生兩儀也。

② 亭之毒之：高亨說："'亭'當讀爲'成'，'毒'當讀爲'熟'，皆音同通用。"（《老子正詁》）亭之毒之，即養育、化育之義。

常無欲，以觀其妙；常有欲，以觀其徼。

欲者，逐境生心。妙者，要又微之極也。徼（jiào，邊界），邊隅也。大道邊有小路，曰徼，又歸也。夫虛無之道，寂然不動，則曰無欲。感孕萬物，則曰有欲。無欲觀妙，守虛無也。有欲觀徼，謂存思也。嘗謂真常，即大道也。無欲有欲，即道之應用也。道本無物，物感道生，形而上者謂之道，形而下者謂之器。上士知微知章，睹其未然，已盡其妙，故曰常無欲以觀其妙。中士因循任物，見其群材，乃得其用，故有萬不同真理難測，但覘（chān，窺也）其邊徼耳。又解曰：夫人常體大道之微，守清靜之要，復性命之極，不爲外物所誘，則志意虛澹，可以觀道之要妙，造徼之至極。嚴君平曰："心如金石，形如枯木，默默隅隅，志如駒犢者，無欲之人，復其性命之本也。有欲之人，食逐境物，亡其坦夷之道，但見邊小之徼，迷而不返，喪失真原。"（語出《老子指歸·道可道篇》）先賢或以謂無欲者，體道內觀，化及群品（萬物），無所思存，忘其本迹也。有欲者，從本起用，施于可道，立教應物，成濟衆務，見物所終，了知歸趣，前以約身爲說，後以化民爲言，修身治國，理無不備也。

此兩者同，

此兩者，謂可道可名，無名有名，無欲有欲也。俱蘊于寂然不動湛爾（清明澄澈）之源，體用未彰，善惡都泯，故云同也。

出而異名。

出謂從本降迹①,可道漸分,雖起自一人之心,而五常(仁義禮智信)之用殊別,賢愚有隔有變,萬端壽夭存亡,其名各異也。

同謂之玄,玄之又玄,

玄者,深妙也,寞也,天也。所謂天者,自然也。言此無名有名,無欲有欲,皆受氣於天,禀性於自然,中和濁辱,形類萬狀,蓋由玄之又玄、神之又神,所謂自然而然也。若乃通悟深妙、洞達寞默者,是謂有玄德②也。

衆妙之門。

謂道域也。夫大道曠蕩,無所制圍,無門無房,四達皇皇也。③ 約身而論,出則同衆人,入則爲妙本,舉教言則衆真講妙而出,群聖蘊妙而歸,化導無方,湛然惟一,獨立不改,是曰知常。既有出入之由,故曰門耳。莊子曰:"有乎

---

① 從本降迹:本迹是一對範疇,本即本質、本源,迹即迹象、現象,從本降迹指由本質到現象的發展。

② 玄德:《老子·第十章》載:"生而不有,爲而不恃,長而不宰,是謂玄德。"王弼注:"凡言玄德,皆有德而不知其主,出乎幽冥。"玄德指自然無爲之德。

③ 四達皇皇:《莊子·知北遊》載:大道"其來無迹,其往無崖,去門無房,四達之皇皇也。"形容道之廣大無邊。

生,有乎死,有乎出,有乎入,入出而無見其形,是謂天門。天門者,無有也。萬物出乎無有。"(語出《莊子‧庚桑楚》)斯亦謂眾妙之門也。有妙道然後萬物生焉。生萬物者,其唯妙道乎。用道者,其唯聖人乎。聖人之道,日新其變,應用無方,故曰常也。出處有迹,欲異而爲,故曰可也。可道必名,名必有知,故次之以天下皆知。

(以上第一章)

天下皆知美之爲美,斯惡已;皆知善之爲善,斯不善已。

美善生於妄情(情之亂發用),以情之所好爲美,情之所惡爲惡,縱己妄情,非惡而何?以己之所是爲善,己之所非爲不善,縱己是非,安有美乎?莊子曰:"是非吾所謂情也。吾所謂無情者,言人之不以好惡內傷其身,常因自然而不益生也。"(語出《莊子‧德充符》)此謂止於實當也。夫聖人豈無美善,蓋有而不矜(jīn,自夸、自恃),同於無也。不矜則德全,同無則害遠,德全害遠,美善盡矣。若以美善化天下,使知其美之爲美,蓋未盡善也。《經》曰:"上德不德,下德不失德"(《老子‧第三十八章》)是矣。且天下善人少,而不善人多,若矯其治迹,竊而侮之,斯爲惡矣。君平曰:"昭昭不常存,冥冥不常然,榮華扶疎(枝葉繁茂),始於仲春,薺(jì,薺菜)麥陽物,生於秋分,冬至之日,萬物滋滋,夏至之日,萬物愁悲。"(語出《老子指歸‧天下皆知篇》)謂其盛必有衰,美必有惡,陰陽尚爾,況於人乎?斯戒其矜夸美善者也。

卷　一　23

故有無之相生，難易之相成，長短之相形，高下之相傾，音聲之相和，前後之相隨。

此六事因矜美善，動入有爲。有爲既彰，偏執斯起，殘賊互生，物失其性，故結以聖人無爲，而玄德不去。夫有無之性，本不相生，今言有必出於無，論無必生於有，故曰有無之相生也。難易之法，本不相成。譬如陶者易於治埴（zhí，黏土），必難於治木。匠人易於治木，必難於治埴。彼此相易則難就，各守其工則易成，故曰難易之相成。長短之相，本不相形，見鶴而知兔脛之短，觀兔而識鶴脛之長。以此相因，物皆如是，故曰長短之相形。高下之名，本不相傾，名位不足，故有傾奪之心。若處高而不驕貴，故無下之者。在下而不卑辱，故無高之者。若企羨交馳，則遞（順次）相傾覆，故曰高下之相傾。音聲之鳴，本不相和，是猶天籟自鳴自已。而世謂音律聲氣合成歌曲，以相和鳴，故曰音聲之相和。前後之時，本不相隨，有如日夜相代，昨夜是今日之前，今日乃昨夜之後。又如前後行步之迹，舉足下足，何先何後，遷易相隨，無有窮盡，故曰前後之相隨也。君平曰："無以有亡，有以無形，難以易顯，易以難彰，寸以尺短，尺以寸長，山以谷摧，谷以山傾，音以聲別，聲以音停，先以後見，後以先明，故無無則無以見有，無有則無以知無，無難無以知易，無易無以知難，無長無以知短，無短無以知長，無山無以知谷，無谷無以知山，無音無以知聲，無聲無以知音，無先無以知後，無後無以知先。凡此數者，天地之驗,自然之符,陳列暴慢,然否相隨,終始反覆,不可別離,神明不能遁,陰陽不能違。由此觀之,帝王之事,不可以有爲爲也。"(語出《老子指歸·天下皆知篇》)

是以聖人處無爲之事,行不言之教。

此言上古無爲之君,不以美善治天下,而天下自治也。無爲者,非拱默(拱手緘默)閑堂也,謂美善都忘,滅情復性,自然民任其能,物安其分,上下無擾故也。行不言之教者,以身帥導,正容悟物,隨時舉事,因資立功,理契言忘(得意忘言)之謂也。

萬物作而不辭。

作,動也。聖人在宥(yòu)①天下,無事無爲,故百姓耕而食,織而衣,含餔(bū)而熙,鼓腹而遊,樂其性分而動,皆飲無爲之化也。②故聖人任之而不辭,夫民可使由之,而不可使知之。此乃上德不德之風也。

---

① 在宥:《莊子·在宥》載:"聞在宥天下,不聞治天下也。"成玄英疏:"宥,寬也。在,自在。"指無爲而治,民衆自化。

② 《莊子·馬蹄》載:"夫赫胥氏之時,民居不知所爲,行不知所之,含哺而熙,鼓腹而遊,民能以此矣。"指民衆含食嬉戲,飽肚遊玩,率性而動,自由自在。

生而不有，爲而不恃，功成不居。

萬物自生，卓然獨化，不爲己有。群品營爲(作爲)，各適其性，不恃己德。功成事遂，道洽於物，心遊姑射(yè)之山①，不居萬民之上。此聖人之全德也。

夫唯不居，是以不去。

夫聖人功同造化，使萬物咸得其極，而忘名忘己也。不居者，不以位爲己有，故民莫覺莫知，是以其道不喪，其德不去也。《鴻烈解》②曰："楚將子發攻蔡，踰(yú，同"逾")之，宣王郊迎，列田百頃，而封之執圭。子發辭不受，曰：治國立政，諸侯入賓，此君之德也；發號施令，師未合而敵遁，此將軍之威也；兵陳戰而勝敵者，此庶民之力也。夫乘民之功勞，而取其爵禄，非仁義之道也。故辭而弗受。"(語出《淮南子·道應訓》)此功成不居之謂也。知則善惡互生，高下之傾，不能逃也。難易對陳，長短之才，無由隱也。長短彰則爭尚賢德，故次之以不尚賢。

（以上第二章）

---

① 姑射之山：今山西臨汾有姑射山。《山海經·東山經》有姑射之山，稱其"無草木、多水"。《莊子·逍遥遊》有"藐姑射之山，有神人居焉。"此處當指藐姑射之山。

② 《鴻烈解》：又名《淮南鴻烈》、《淮南子》，西漢淮南王劉安及其門客集體撰寫。全書原有內篇二十一卷，中篇八卷，外篇三十三卷，今僅存內篇。全書以道家思想爲主體，融合儒家、法家、墨家、縱橫家等諸子百家學說，故《漢書·藝文志》將其列入雜家。

不尚賢，使民不爭。

夫人君之謙下雌靜，不矜尚己之賢能，則民之從化，如風靡草，柔遜是守，何有爭乎？《經》曰："我無爲而民自化，我好靜而民自正。"（《老子‧第五十七章》）又解曰：人君靜，大臣明，刑不避貴，澤不隔下，賢、不肖各當其分，則士無爭矣。若人君依違，大臣回佞（nìng。回邪，不正），雖尚賢求士，外忠內僻，情毒言和之才至，至則姦僞生而交爭起。君平曰："盛德者爲主，微劣者爲臣，賢者不萬一，聖人不世出。"（語出《老子指歸‧不尚賢篇》）夫天生之賢，匪由尚出也。又曰："譬如使駑（nú，劣馬）馬、驊騮（huáliú。周穆王八駿之一，泛指駿馬）並馳於夷道，鴻鵠（hónghú。天鵝）、鶉（chún，鵪鶉）鷃（yàn，同"鴳"，鶉之一種）雙翼於青雲，則賢、不肖可知矣。"（語出《老子指歸‧不尚賢篇》）此乃自然，非由尚也。

不貴難得之貨，使民不爲盜。

難得之貨，謂金玉珠犀也。言上化清靜，民務耕織，藏金於山，捐珠於淵，不利貨財，不近貴富，則民無貪盜之心矣。又解曰：驪（lí）龍（傳說中黑色的龍）夜光之珠，金玉錦繡之玩，君王不貴，臣民無貪，盜賊於何而有？語曰："苟子之不欲，雖賞之不竊"（語出《論語‧顏淵篇》）也。《鴻烈解》曰："引神農之法，曰丈夫力壯而不耕，天下有受其飢者。婦人當年而不織，天下有受其寒者。"（語出《淮南子‧齊俗訓》）故身自耕，妻自織，以爲天下先，其導民也，不貴難得之貨矣。

不見可欲，使民心不亂。

可欲者，謂外物惑情，令人生可尚愛欲之心也。而日①不見者，非遠絕不見也，謂不以見爲見，而爲無爲也。若乃人君見外物，而無可尚愛欲之心者，是不爲色塵所染亂，則性原清靜恬澹，而復其真一（本性）矣。人君能守乎真一，則使民心不亂，而淳朴之風可致矣。君平曰："世不尚賢，則民不趨，不趨則不爭，不爭則不爲亂。世不貴貨，則民不欲，不欲則不求，不求則不爲盜。世絕三五，則民無喜，無喜則無樂，無樂則不淫亂。"（語出《老子指歸·不尚賢篇》）此自然之數也。《鴻烈解》曰："令尹②子佩請飲楚莊王③，王許之。子佩疏揖北面立於殿下曰：'昔者君王許之，今不果往，意者臣有罪乎？'莊王曰：'吾聞子具於彊臺。彊臺者，南望料山以臨方皇，左江而右淮，其樂忘死。若吾薄德之人，不可以當此樂也。恐留而不能反，故曰不見可欲，使心不亂。'"（語出《淮南子·道應訓》）傅奕《音義》④曰："古本作使民心不

---

① 《正統道藏》本作"日"，當是"曰"之誤。

② 令尹：楚國宰相，於楚武王時設置，入則領政、出則統軍，屬於楚國的最高官職，兼有中原諸侯國相、將的權力。

③ 楚莊王：（？—公元前591年），又稱荊莊王，芈姓，熊氏，名侶，郢都（江陵紀南城）人，楚穆王之子，春秋五霸之一。

④ 傅奕：（555年—639年），唐相州鄴（今河南安陽）人，官太史令，注《老子》，撰《老子音義》。

亂。"河上公①、開元御本②作"使心不亂",亦通。

是以聖人之治,虛其心,

聖人之治,先治其身,然後及于家國也。虛其心者,謂無邪思也。不役心逐暗泊,然内寂嗜欲,頓消神物,自定則其心虛矣。莊子曰:"虛室生白,吉祥止止。"(語出《莊子·人間世》)謂心虛,則純白自生,福慶留止也。

實其腹,

聖人道德内充,五神安靜,憺(dàn)怕(澹泊、恬靜)自足,貪愛不生,故曰實其腹。

弱其志。

志者,心之事。事在心曰志,欲令舉心行事,當守謙靜柔弱,則道全矣。

彊其骨。

骨者,體之幹。夫淳和足則體潤,精神壯則骨彊,亦自

---

① 河上公:亦稱河上丈人,姓名不詳,司馬遷首先提到此人,大致屬於戰國末至漢初時人,善黄老之學。相傳《老子道德經河上公章句》爲其所著,但後世學者考證此書乃東漢末期黄老學者僞作。

② 開元御本:唐玄宗於開元七年(719年)所注《道德經》,因其不滿《河上公章句》注文,故親注《道德經》。

然之理也。

常使民無知無欲。

聖人所以常修身虛心者,欲令百姓反樸守淳,悗(mèn,不經意、無心)然自化也。語曰:"苟正其身矣,於從政乎何有?"(語出《論語·子路篇》)

使夫知者不敢爲也。

民雖有貴尚之知、飾僞之迹者,然已被其清靜之風、淳樸之化,而自灰心槁體①,不敢興動有爲之欲心也。

爲無爲,則無不治矣。

爲無爲,猶言行無爲之道也。無爲者,謂不越其性分(天性、本性)也。性分不越則天理(宋明理學中的核心概念,是萬物存在的依據。此處天理僅指天然、自然之理。)自全,全則所爲皆無爲也。物物無爲,則貴尚貪求之心泯然都忘,故淳風大行,誰云不治。尚己賢能,則民從而爭盜,縱此欲心,則亂生乎彼,唯聖人治之以虛沖,故次之以道沖。

(以上第三章)

---

① 灰心槁體:出自《莊子·齊物論》:"形固可使如槁木,而心固可使如死灰乎?"心如死灰,形體如槁木,郭象注其"寂寞無情"。

道沖,而用之或不盈。

盈,古本作滿。沖,虛也,又中也。或,不定之辭,又常也。言道以沖虛(恬淡虛靜)爲用。夫和氣沖虛,故爲通用。王者得沖虛之用,故萬乘遺其富;匹夫得沖虛之用,故環堵(房間四周所圍土牆,喻貧窮之室)忘其貧。身在廟堂之上,心同巖穴之下,躬服芻牧(割草放牧)之陋,不異軒冕(xuānmiǎn。官員之車乘冕服)之華,此深得沖虛之用,而不盈滿也。君平曰:"爲沖者不沖,爲和者不和,不爲沖和,乃得沖和。沖以虛爲宅,和者無爲家,能虛能無,至沖有餘,能無能虛,常與和俱。"(語出《老子指歸·道沖篇》)斯真得大道,沖和之用而不盈滿者也。中者所用在於和也,或者不敢建言其道也。

淵兮似萬物之宗。

淵,深靜也。兮者,深歎詠道之詞也。明此沖虛之道,不虧不盈,體性凝湛,深不可測,故謂之淵也。夫不測之理,非有非無,難以定名,故寄言似也。群生日用,注酌湛然,體含萬象,善惡斯保,動植咸歸,故爲萬物之宗。

挫其銳,解其紛,

挫,抑止也,又折其鋒曰挫。銳,銛(xiān,鋒利)利也,又進也。解,釋散也。紛,多擾也。言銛利進趣功名之人,當念道沖虛,抑止貪妄,而不自見也。或儌憍奔馳,內外紛擾,能體道淵靜,釋縛解紛,湛爾澄清,以復其性。紛,河上公作忿,曰結恨也,謂陰賊瞋恚（chēnhuì。憤怒怨恨）,忿恨牢結,若存道沖和,乃渙然冰釋也。

和其光,同其塵,湛兮似或存。

虛極之道,以沖和（元氣、真氣）爲用,其所施用,無乎不可。在光則能和,與光而不別。在塵則能同,與塵而不異。應物則混於光塵,歸根則湛然不染,尋其妙本,杳然而虛,約其施爲,昭然而實,故曰湛兮似或存。

吾不知誰之子,象帝之先。

吾者,老氏自稱也。象,似也。我觀至道杳冥,沖用不測,匠成萬物,今古常存,道既無祖無宗,誰敢言孫言子,彷彿深思,似出乎天帝之先矣。用道虛沖,則淵兮不滿,和光同塵,故爲萬物之所宗,尋其宗而先乎天地,故次之以天地。

（以上第四章）

天地不仁,以萬物爲芻狗。聖人不仁,以百姓爲芻狗。

芻（chú）,草也。謂束芻爲狗。古人用以祭祀,除祓不祥,用已自而棄之。言當用之時不甚愛,及乎棄之,亦不爲憎也。故芻狗因神明而成,神明無用於芻狗也。無用則無私,無私則無恩,是以天地無恩而大恩生,聖人不仁而天仁成。不仁者,謂無情於仁愛,非薄惡之謂也。故天地無情,視萬物如芻狗,不責萬物之報。聖人無情,視百姓如芻狗,不責百姓之報。蓋天地之自然也。君平曰："天高而清明，地厚而順寧，陰陽交通，和氣流行，怕然無爲，萬物自生焉。天地非傾心移意，勞精神，務有事，悽悽惻惻，流愛加利，布恩施厚，成遂萬物而有以爲也。"（語出《老子指歸·天地不仁篇》）此所謂天地不仁，以萬物爲芻狗也。"明王聖主，秉道統和，清靜不改，一以變化，神明默達，與道同儀，天下應之，萬物自化。聖人非竭智盡能，擾心滑志，損精費神，不釋思慮，偟偟顯顯，仁生事利，領理萬民而有以爲也。"（語出《老子指歸·天地不仁篇》）此所謂聖人不仁，以百姓爲芻狗也。

天地之間，其猶橐籥乎。虛而不屈，動而愈出。

橐（tuó）者，韝（bèi，鼓風器）也。謂以橐鼓風而吹火也。籥（yuè）者，笛也。言天地之間虛空無爲，生物無私，以喻聖人之心，虛廓淵靜，應世不逆，若橐之懷風，鼓之以成器物，籥之含聲，吹之而調音律，應用不絕，而終不可屈也。以況聖人無私無心，而不事愛利也。君平曰："天地釋虛無而事愛利，則變化不通，物不盡生。聖人釋虛無而事愛利，則德澤不普，海內不並，恩不下究，事不盡成。何則？仁愛之爲術也有分，而物類之仰化也無窮，操有分之制以授無窮之勢，其不相贍，由川竭而益之以沍（hù，同"沍"，閉塞）也。"（語出《老子指歸·天地不仁篇》）又曰："蟣（jǐ，虱卵）蝨（shī，同"虱"）動於毛髮，則寐爲之不安。蚊䖟（méng，同"虻"，齧牛飛蟲）著於皮膚，則精神騷動，思慮不通。外傷蜂蠆（chài，毒蟲）之毒，則中心爲之慘痛,末害於耳目而百節爲之不用。"(語出《老子指歸·天地不仁篇》)此言愛利存于肎(xiōng,同"胸")中,豈得無屈撓純和耗蠹(dù,蛀蝕)血氣乎?

多言數窮,不如守中。

多言者,謂多有兼愛之言也。多則施行難徧,故數窮屈而不遂。若法天地之虛靜,同橐籥之無心,抱守中和,其自然皆足矣。亦在乎不言之教也。《鴻烈解》曰:"王壽負書而行,見徐馮於周。徐馮曰:'事者應變而動,變生於時,故知時者無常行。書者言之所出也。言出於知者,知者藏書。'於是王壽乃焚其書而舞曰:'多言數窮,不如守中。'"(語出《淮南子·道應訓》)天地運處而無私,中含虛而不屈者,由其神也。故次之以谷神。

(以上第五章)

谷神不死,是謂玄牝。

夫大人以太虛爲空谷,以造化爲至神,空谷、至神乃道之體用,豈有死乎?不死之理既甚深冥,又能母養,故曰玄牝(pìn,雌)。或谷喻天地,神喻大道。今說者以山谷響應爲喻,不其小哉!且人能懷豁無方,法太虛之廣,存任神真(神靈),資造化之靈,自然形與道合,何死之謂乎?如是,則冥然茂養,物受其賜,故曰玄牝。《河上公章句》:"谷,音育,訓養也。人能養神則不死。神謂五藏之神,肝藏魂,肺藏魄,心藏神,腎藏精,脾藏志。"(語出《老子道德經河上公章句·成象》)人能清靜虛空以養其神,不爲諸欲所染,使形完神全,故不死也。若觸情耽滯,爲諸境所亂,使形殘神去,何道之可存哉!

玄牝之門,是謂天地根。

夫太虛造化,萬類由之以出入。既有出入之名,故謂之門。根者,本也。天地雖大,不能逃其有形,有形之類,咸以虛空太和爲其根本,故曰天地根。河上公曰:"不死之道在於玄牝。玄,天也,於人爲鼻。牝,地也,於人爲口。天食人以五氣,從鼻入,藏於心,五氣清微,爲精神聰明音聲五性,其鬼曰魂。魂者雄也,主出入人鼻,與天通,故鼻爲玄也。地食人以五味,從口入,藏於胃,五味濁辱,爲形骸骨肉血脉六情,其鬼曰魄。魄者雌也,主出入人口,與地通,故口爲牝也。根者元也,言鼻口之門,乃是通天地之元氣所從往來也。"(語出《老子道德經河上公章句·成象》)上言谷神不死者,勸人養神之理,此曰玄牝之門者,示人鍊形之術也。故形神俱妙者,方與道同也。夫人有身有神,則有生有死。有生有死,不可言道也。流動無常,豈得言靜也。若乃空其形神,忘其物我,是以出無根,故氣聚不以爲生,入無竅,故氣散不以爲死。不死不生,其谷之神也。生死無常;其浮動之物也。幽深雌靜,湛然不動,其玄牝之謂也。

綿綿若存，用之不勤。

綿綿，不絕之貌。此結上養神鍊形之義也。夫養神則深妙冥極，清靜虛空，綿綿若存，感物而起，無有絕時。鍊形則呼吸太和(天地間沖和之氣)，導接血氣，飲難終之泉，咀延年之草，使其支節宣暢而不勤勞，此方可與天地同根、衆妙共門也。太虛其谷，造化其神，牝養萬物，綿綿不死，故次之以天長地久。

(以上第六章)

天長地久。

標也。天以氣象廣覆，古今不傾，故稱長也。地以形質厚載，終始永固，故言久也。結喻成義，在乎下文。

天地所以能長且久者，以其不自生，故能長生。

結義也。夫天所以長清、地所以久寧者，以其覆載萬物，長育群材，而皆資稟於妙本，反其沖虛，復其杳冥，不自矜其生成之功而守其常德，故能長生也。又解曰：天地萬物，卓然獨化，咸稟自然而不求饒益其生，故能長生，此垂誡也。

是以聖人後其身而身先，外其身而身存。

聖人無爲，身在廟堂，而心游姑射，法天地之覆載，而均養無私，大有處謙而不敢爲天下先。其百姓欣戴而不重，樂推而不厭，故身先也。又能忘功忘名，外身寡欲。其天下愛之,如父母,神明祐之若赤子,故身存也。

非以其無私邪,故能成其私。

天地生育萬物,而聖人外己全民,皆不以仁恩自恃,豈有自私之心乎?實無私也。無私故能長能久,以其長久,故如能成其私者也。李約①曰:"夫能不私於己而私於人,人之私未必成而己之私已成矣。"(語出《道德真經新注》)《鴻烈解》曰:"公儀休②相魯而嗜魚,一國獻魚,公儀休不受。其弟子諫曰:'夫子嗜魚,不受,何也?'答曰:'夫唯嗜魚,故弗受。夫受魚而免於相,雖嗜魚,不能自給魚;無受魚而不免於相,則能長自給魚。此明於爲人爲己者也。故曰非以其無私邪,故能成其私。'"(語出《淮南子·道應訓》)河上公、嚴君平本作"以其無私。"王弼③古本作"不以其無私邪。"開元御本作"非以其無私邪。"互有其義,讀者詳之。聖人後身外身,能公於己而私於人,善柔順而利物,故次之以上善若水。

(以上第七章)

---

① 李約:唐宗室,字在博,官至兵部員外郎,善畫梅,精楷隸,著有《道德真經新注》四卷,收於《道藏》洞神部玉訣類。

② 公儀休:春秋時期魯國名臣,姬姓,公儀氏,名休,又稱公儀子,始爲博士,魯穆公時爲相。

③ 王弼:(226年—249年),字輔嗣,三國時代曹魏山陽郡(今山東濟寧、魚台、金鄉一帶)人,經學家,魏晉玄學的主要代表人物之一。曾任尚書郎,注《道德經》《易經》。

卷　二

上善若水。

上善者，標人也。若水者，舉喻也。夫志人虛懷無欲，應變隨時，不逆諸緣，處善忘善，故曰上善。水能方圓凝釋，深淺浮沉，順道涵虛，咸有其理。唯至人兼而通之，故曰若水。且水蘊三能（即善利萬物、不爭、處衆人之所惡）之近道，七善（即居善地、心善淵、與善仁、言善信、政善治、事善能、動善時）之利物，謂下文也。

水善利萬物而不爭，處衆人之所惡，故幾於道。

此三能之近道也。水性平靜，散潤一切。天無水則陽旱，地無水則塵飛。利澤萬物，故曰善利，此一能也。天下柔弱，莫過於水，去實歸虛，背高趨下，壅之則止，次之則流，聽從於人，故曰不爭，此二能也。人之情惡處下流、好居上位，而水則就卑受濁，處惡不辭，令物潔白，獨納污辱，處衆人之所惡，此三能也。幾（jī，相去不遠），近也。夫水利物則其仁廣大，不爭則其德謙光，處惡則其量忍垢。舉水性之三能，唯至人之一貫德行如斯，去道不遠，故曰近爾。又解曰：水爲氣母，王於北方，其數六。北方者，陽德之始，陰氣之終也。生數一，與道同也，道亦謂之一。道一者無一之一，水一者有一之一也。無一之一爲道之體，有一之一爲道之用，明水者道之用，故曰幾於道也。

居善地，心善淵，與善仁，言善信，政善治，事善能，動善時。

至人所居，善執謙下，順物自然，化及鄉黨，如水在地，善就卑下，滋潤群物，故曰居善地，此一善也。至人之心，善保虛靜，洞鑒幽微，湛然通徹，如水淵澄，波流九變，不失明靜，故曰心善淵，此二善也。至人若與，善行仁慈，惠及天下，不懷親愛，如水膏潤，善能升降，無不霑（zhān，同"沾"）濟，故曰與善仁，此三善也。至人之言，善守誠信，不與物期，自然符契，如水景物，妍（yán，美麗）醜無差，流滿輒移，行險不失，故曰言善信，此四善也。至人從政，善治於民，正容悟物，物自順從，如水清平，善定高下，滌蕩群物，使無塵穢，故曰政善治，此五善也。至人臨事，善能任物，隨器授職，不失其材，如水柔性，善事方圓，能隨形器，無用不成，故曰事善能，此六善也。至人動靜，善觀其時，出處應機，能全其道，如水之動，善隨時變，冬凝夏液，不差其節，故曰動善時，此七善也。

夫唯不爭,故無尤矣。

唯,獨也。此結上三能七善之辭也。至人之所用心行事,出處語默,皆全于妙道,合乎物宜,而常守雌靜,不與物爭,物既不爭,安有尤過之地。又:尤,怨也。言天下獨有不爭之人,無所怨尤之者。道體虛無而水數一,唯至人用之則幾於道,又不盈而善持,故次之以持而盈之。

(以上第八章)

持而盈之,不如其已。

盈,滿也。已,止也。夫執持盈滿之物而不知謙損者,必見其傾覆矣。慎其傾覆之禍,不如早圖休止,此垂誡也。嚴君平作"殖而盈之",謂積其財寶也。

揣而銳之,不可長保。

揣,度也,又治也。銳,銛利也。言人但知銛利欲心而貪趣富貴,殊不知揣度妄情,思治憍恣(jiāozì。驕傲放縱),禍患之來,不可長保。君平曰:"富貴之於我,猶登山而長望也。名勢之於我,猶奔電之忽過也。"(語出《老子指歸·持而盈之篇》)言不可長保也。《鴻烈解》曰:"白公勝①得荊國,不能以府庫分人。七日,石乞(春秋時期人,爲白公勝同謀)入曰:'不義之

---

① 白公勝:(？—公元前479年),羋姓,春秋末期楚國大夫,太子建之子,楚平王之孫。楚惠王二年(公元前487年),楚令尹子西召其回國,封在白地(今河南息縣東),號白公。後反叛,劫楚惠王,被葉公高打敗,自縊而死。

得,又不能佈施,患必至矣。不能與人,不若焚之,無令人害。'白公弗聽也。九日,葉公①入,乃發太府之貨以與衆,出高庫之兵以賦民,因而攻之,十有九日而擒白公。夫國非其有也,而欲有之,可謂至貪矣。不能爲人,又無以自爲,可謂至愚矣。譬白公之嗇也,何以異於梟(xiāo,貓頭鷹)之愛其子也。故曰:持而盈之,不如其已,揣而銳之,不可長保也。"(語出《淮南子·道應訓》)

金玉滿堂,莫之能守。

此明盈難久持,理之必然也。夫金玉滿室,徒爲潤屋,然而巨盜至,則負匱揭篋(qiè,箱子)擔囊而趨,雖有智者,莫之能守。故象有齒而焚身,雞畏犧而斷尾,禽獸尚如此,人何不思之。嚴君平、王弼本作"金玉滿室"。

富貴而憍,自遺其咎。

遺,與也。富則人求之,故便欺物。貴則人下之,故好陵人。欺陵日恣,殃咎必來,非自與而何?君平曰:"金玉之與身,而名勢之與神,若水若炭,勢不俱存。故名者神之穢也,利者身之害也。養神之穢,積身之害,損我之所成,

---

① 葉公:芈姓,沈尹氏,名諸梁,字子高。春秋末期楚國大臣,封地在葉邑(今河南葉縣南舊城),史稱葉公、葉公高。平定白公之亂,因功擔任楚國令尹、司馬。

而益我之所敗,得之以爲利,失之以爲害,則彼思慮迷而趣舍悖也。"又曰:"益我貨者損我神,生我名者殺我身。患生於我,不由於人。福生於我,不由於天。"(語出《老子指歸·持而盈之篇》)陸希聲①曰:"持大器而滿盈,雖懼之,不如早止;居大位而亢極,雖憂之,不如早退;揣勢利而銳意,雖得之,不可永保;貪金玉而滿堂,雖有之,不能長守。貴而憍(jiāo,同"驕")則得其禍,富而憍則益其過,憍生乎心,咎自於己,豈可怨天尤人乎?"(語出《道德真經傳》)

功成,名遂,身退,天之道。

此結義也。夫大功既成,顯名已遂,而不知休退者,何人哉?高鳥盡而良弓藏,狡兔死而獵狗烹,勢使然也。惟體天道之盈虛,知進退存亡者,至人哉!外物盈滿,理必傷生,與其銳心於富貴,不若抱一而無咎,故次之以載營魄抱一。

(以上第九章)

載營魄抱一,能無離乎。

道家以陽神曰魂,魂樂生;陰鬼曰魄,魄好殺。魂則遊,魄則靜。《白虎通》曰:魂者云云也,營者不定貌,故謂魂爲營也。舊說:載,乘也。營,魂也。又謂:營,護陽氣也。

---

① 陸希聲:字鴻磬,自號君陽遁叟(一稱君陽道人),唐代蘇州府吳縣人氏。博學善屬文,昭宗(888年至904年在位)時召爲給事中,歷同中書門下平章事,以太子太師罷。

魂爲陽精，魄爲陰靈。陽精喜動遊，故仙書有拘留之術。陰靈喜浮惑，故仙書有制伏之法。使其形體常乘載陽精、陰靈，抱守太和純一之氣，令無散離，永保長年矣。夫道之抱一，如鑑(jiàn，同"鑒"，鏡子)之含明，明豈離鑑乎？此教人養神也。今解曰：人欲抱一之術，當令心無散離，若無散離者，即是乘載魂魄抱守純一之道也。"能如嬰兒乎"下，皆以此義釋之。

專氣致柔，能如嬰兒乎？

舊說曰：專，一也，任也。氣者沖和妙氣，又自然之氣也。夫人卓然獨化，稟自然沖和妙氣，氣降形生，自無染雜。若乃專任沖妙，知見都忘，氣自純和，形自柔弱，不爲衆惡所害，是得嬰兒之全和也。此教人養氣也。今解曰：能如嬰兒乎者，言人欲專氣致柔之術，當如嬰兒純和，若能如嬰兒純和，即是得專氣致柔之術也。

滌除玄覽，能無疵乎？

舊說曰：滌，洗也。除，遣也。玄覽，心照也。疵，瑕病也。人當洗滌塵垢，除遣五情(喜、怒、哀、樂、怨，泛指人的情感)，內外清虛，心照萬事，瑕疵之病，瑩然(光潔明亮)不生，此教人修心也。自此上三事，約人修身；自此下三事，勸人治國。經曰："修之身，其德乃真，修之天下，其德乃溥"(《老子·第五十四章》)也。今解曰：人欲洗心除垢，冥察內外之事，能自省己躬,無疵瑕之病,即是滌除玄覽之法也。

愛民治國,能無爲乎?

舊說曰:治國者,愛民如赤子,臨政不可苛虐,賦役不可傷性,務農簡事,使民各遂其業而安其生,斯無爲之化也。今解曰:人君欲愛養萬民,令不傷天性,治國務農,使無繁細,當能清靜無爲,即是愛民治國之術也。

天門開闔,能爲雌乎?

天門者,自然之門也。自然生太極(中國哲學中的重要概念,指天地未分之前的混沌之氣),太極生天地,天地生陰陽(中國哲學中的一對重要概念,指天地間化生萬物的二氣),陰陽生萬物,萬物生死由之而往來,故謂之天門。開謂散施,闔(hé,關閉)謂歙(xī,收歙)歙,開則生成,闔則衰滅,雖生萬物而未見其生生者,雖死萬物而未見其死死者,生生死死而莫見其形,得不謂之自然乎?能體自然,其唯大人乎?大人量包宇宙,氣含陰陽,所爲雌靜,則生死王衰不入于胷中。雌靜者,自然之妙用也。此戒治身治國者,當以雌靜是守。舊說曰:天門者,北極紫宮①之門也。天有北極星在紫宮之內,宮內又有五

---

① 北極紫宮:即紫微垣,居於北天中央,以北極爲中樞,周圍共十五顆星組成,古人認爲是天帝居所。

帝①迭相休王,故門有開闔也。開則爲泰,闔則爲否,故春時青帝②門開,餘門皆闔,四時之例如此。且五運終始(五運即金木水火土五行,其間相生相剋的關係被用來解釋王朝的更替),曆數之變,興廢不常,唯聖人知天知命,常守雌靜,則不爲變動所傾,故永亨元吉也。或以治身論者,天門謂鼻口也,開闔謂喘息呼吸也。言人雌靜柔和,則氣息深遠,緜緜微妙,致其精神恬然自在無爲也。今解曰:天門開闔休王者,乃曆數之常,唯能雌靜謙下,故陰陽不能移,寒暑不能變也。

明白四達,能無知乎?

舊說曰:明,謂慧照也。治身者雖有慧照之心,聰明通達,若無見聞。治國者其德明白如日月之照,四達海內,當塞聰蔽明,能如無知。使天下百姓日用不知,是謂有道。今解曰:欲得智慧明白四達天下者,先須收視反聽,常守無知,即是明白四達之原也。

生之畜之,生而不有,爲而不恃,長而不宰,是謂玄德。

言修身治國,能行上六事,即如道之生物,不塞其原,任其自成而已。德之養物,不禁其性,全其素分而已。萬

---

① 五帝:古代傳說的五方天帝,即東方青帝太昊、南方赤帝炎帝、西方白帝少昊、北方玄帝顓頊、中央黃帝軒轅。

② 青帝:我國古代神話中的五天帝之一,是位於東方的司春之神,又稱蒼帝、木帝。

物卓爾獨生，聖人豈有乎哉？群類各自營爲，聖人何恃乎哉？物自長養，聖人安所主宰乎哉？斯乃忘功忘物，洞入冥極（悟道之最高境界），是謂玄德也。王弼曰："玄德者，有德而不知其主，出乎幽冥者也。"（語出《老子道德經注·第十章》）抱一不離，專氣致嬰兒之和，和則物歸如輻之輳轂，故次之三十輻共一轂。

（以上第十章）

三十輻共一轂，當其無，有車之用。

此明有無功用，相資而立。《周禮·考工記》說："車蓋圓以象天，輿方以法地，三十輻以象一月之數。"夫月之縣天，流行不息，車之輾地，運轉無窮。是故車以象月，三十日共一月，亦猶三十輻（fú，車軸）共一轂（gǔ，車輪中心可插車軸的部位）耳。當其轂中空虛，輪得以轉行。車中空虛，人所以載其上。故其空無之處，是有轉行容載之用也。君平以謂："太古聖人之牧民也，因天地之所爲，不事乎智巧。飲則用瓢，食則用手，萬物齊均，無有高下。及至王者有爲，賦重役煩，百姓罷極，上求不猒（yàn，同"厭"），貢獻遼遠，男女負戴，不勝其任。故智者作爲推轂，駕馬服牛，負重致遠，解緩民勞。後世相承，巧作滋生，雕琢斑轂朱輪，飾以金銀，加以翠璣（jī，不圓之珠），一車之費，足以貧民，是以老氏傷創作之害道德，明爲善之生禍亂也。故舉車、器、室三事，說有無利用之相資，因以垂戒云。"（語出《老子指歸·載營魄抱一篇》）

埏埴以爲器,當其無,有器之用。

埏(shān,以水和土),和也。埴(zhí),黏土也。謂工人範和黏土,陶成形器,取其器中空無之處,是有盛受諸物之用也。君平以謂:"道德衰廢之時,憂患攻其內,陰陽賊其外,民人薄弱,羸瘦多疾,是故水火齊起,五味將形,生熟不別,乾漬不分,故智者埏土爲器,以熟酸鹹,遂至田獵奢淫,殘賊群生,刳(kū,挖空)胎殺殼(què,鳥卵),以順君心,雕琢珠玉,以爲盂盤,樸散爲器,一至於斯。"(語出《老子指歸·三十輻篇》)

鑿戶牖以爲室,當其無,有室之用。

鑿,穿也。半門曰戶。門傍窻(chuāng,同"窗"),謂之牖。門、戶、窻、牖,亦通稱也。古者穴處,謂穿鑿穴中之土,以覆其上,爲戶牖居室也。取其室中空無之處,故人有安存出入之用也。君平以謂:"人心既變,萬物怨恨,蟲蛇起,毒蠚(hē,同"蜇")作,禽獸害人,於是巖穴之中,不足以禦患難、全性命、終天年。故智者爲作居室,上棟下宇,穿窻候望,堅關固閉,開闔疾利,蜂蠆不得入,禽獸不得至,而後遂至華臺危閣阿房之殿,大關守險,築城爲固,士卒疲倦,死者無數。然而上世以爲治,後世以爲亂者,此乃有無利用相因之弊,蓋在乎人爾。"(語出《老子指歸·載營魄抱一篇》)

故有之以爲利,無之以爲用。

此解上三事,明有無相資俱不可廢,故有之以爲利,利在乎器也。無之以爲用,用在乎空也。夫器之爲利也,必存其外,外資空用而成。空之爲用也,必虛其內,內藉器利而就。故無藉有以爲利,而有籍無以爲用也。無則同乎道,有則成乎器。形而上者曰道①。道,無形也。道雖無形,必資有以彰其功。形而下者曰器。器,有體也。器雖有體,必資無以成其用。故器非道不能應用,道非器不能顯功。亦如轂中有輻,器中有物,室中有人,咸因無以利有,因有以用無也。若夫治身,則神爲存生之利,虛爲致神之用,故無能致用,有能利物,利物在乎有,而致用在乎無,無者虛靜之謂,有者神明之謂也。神明則妙有,虛靜則至無。妙有之利在乎存生,至無之用在乎致神。存生致神之利用,不出乎妙有至無也。車器之設,用無而利有,用無是空,利有是色,故次之以五色。

（以上第十一章）

五色令人目盲,五音令人耳聾,五味令人口爽。

五色（青、赤、白、黑、黃五種顏色）之設,本以彰五行之象,黼黻（fǔfú。華美）文章,別尊卑之飾,斯則五色之用也。而後世爲錦繡之麗,青黃悅目,逐物外遷,傷精喪明,不能徹視無色之色,非盲而何？五音（宮、商、角、徵 zhǐ、羽五種聲音）之設,本

---

① 形而上者曰道：即形而上者謂之道,出自《易·繫辭上》,與形而下者謂之器對言,二者是中國哲學中的重要命題,道無形故屬形而上者,器有體故屬形而下者。

以彰五行之聲,金石絲竹,通天地之氣,斯則五音之用也。而後世作鄭衛之聲(春秋時期鄭國、衛國的民間音樂,被認爲是淫靡之聲),淫哇悅耳,耽營不已,蕩性塞聰,不能冥聽無聲之聲,非聾而何?五味(酸、甜、苦、辣、鹹五種味道)之設,本以彰五行之和,鹽梅調適,養人倫之損,斯則五味之用也。而後世有熊掌之嗜,芻豢(chúhuàn。牛羊犬豬等家畜)美口,饕餮(tāotiè。傳說中貪殘的怪獸)無猒,濁神穢真,不能内嘗無味之味,非爽而何?爽,亡也,差失也。

馳騁田獵,令人心發狂。

田獵者,國之常禮,以講武事,示民時也。天子諸侯,每歲三田:一爲乾豆(祭器中供祭祀用的乾肉),祭祀宗廟也;二爲賓客,交二國之好也;三充君之庖,食以時也。時之不田,則曰不恭。田不以時,則謂之暴天物。故春蒐(sōu)、夏苗、秋獮(xiǎn)、冬狩。① 若不遵法度,馳騁逐境,禽荒無節,暴物傷農,登崖踰險,心神發亂,非狂而何?

難得之貨,令人行妨。

金銀珠玉,難得之貨。人若貪取無猒,采求不已,則道

---

① 春蒐、夏苗、秋獮、冬狩:古代對春夏秋冬四季狩獵的稱謂。春蒐,春天搜索、獵取沒有懷胎的禽獸;夏苗,夏季獵取殘害莊稼的禽獸;秋獮,秋天獵取殺傷家禽的野獸;冬狩,不加區分地圍獵野獸。

行妨傷,而身多勞辱也。君平曰:"五色重而天下盲,五音調而天下聾,五味和而天下喑(yīn,不能言),田獵興而天下狂,珠玉貴而天下勞,幣帛通而天下傾。是故五色者陷(xiàn,同"陷")目之錐,五音者塞耳之椎,五味者斬舌之鐖(qí,大鐮刀),田獵狂惑之帥。利遠方之貨,天下之所以違也。貴難成之物,天下之所以微也。凡此數者,變而相生,不可窮極,難明而易滅,難得而易失也。殃禍之間(lú,古時二十家爲一間),危亡之室也。求之以自賊,居之以自殺也。"此上戒君王而下訓兆民也。(《老子指歸·五色篇》)

是以聖人爲腹不爲目,故去彼取此。

聖人謂有道之君也。有道之君,任聲色之外馳,養浩然之內景。腹者受物養,實其腹則不逐物,故內全而神王,是以聖人法之而爲腹也。目者著色役,亂其目則逐物移,故外盲而精喪,是以聖人戒之而不爲目也。去彼取此者,令人去目之逐物,取腹之內全也。耽悅聲色則戮辱及之,不貴難得之貨而寵榮可待,故次之以寵辱。

(以上第十二章)

寵辱若驚。

寵者,謂富貴慶賞諸吉也。辱者,謂貧賤刑罰諸凶也。達道之士,以形骸爲逆旅(旅社,喻不以身體爲重),生死如贅(zhuì,肉瘤)癰(yōng,膿瘡),不榮通,不醜窮,知軒冕(車乘和冕服,喻

(官位爵禄)之去來,外物之寄託耳,豈有寵辱係懷而驚怛哉!此言寵辱若驚,謂中人耳。中智之士,處安而慮危,得寵而知辱,故皆如驚。世俗趨末則驚辱,中智觀本故驚寵,故曰寵辱若驚。

貴大患若身。

貴者,尊愛之稱。大患者,軒冕寶貨外物養身之屬也。至人知身非我有而尚外之,況尊愛他物乎。今世人謂軒冕寶貨可以資生,故貴之如身,而不知身與物,皆是大患之本,不足貴也。

何謂寵辱,寵爲上,辱爲下。

開元御本作"寵爲下"。言人得富貴慶賞者,恃寵而憍盈,則生禍。因寵獲禍,則寵爲辱本,故曰寵爲下。河上公本作"寵爲上,辱爲下",於經義完全、理無迂闊,下文解之,其義詳矣。皇甫謐[1](mì)本亦作"寵爲上,辱爲下",言以得爲上,以失爲下也。

---

[1] 皇甫謐:(215年—282年),字士安,幼名靜,自號玄晏先生,安定朝那(今寧夏回族自治區固原市彭陽縣古城)人,西晉學者。晉武帝屢下詔徵召,皆固辭,終身不仕,潛心著述。著《帝王世紀》、《高士傳》、《列女傳》、《玄晏春秋》、《年曆》等。

得之若驚,失之若驚,是謂寵辱若驚。

結義也。夫世俗據其富貴,操之則慄(lì,恐懼),捨之則悲,未達得失之非我,故皆驚懾也。中智之士,知禍福循環,譬如糾纏,得其寵榮,必有悴辱,故戒之,持勝如失之驚也。《列子》曰:"趙襄子①使使攻翟(春秋時期赤狄人的部落,後被晉國所滅),取二邑而有憂色,謂無積德而有重功,不可不戒懼也。孔子聞之,曰:'趙氏其昌乎。'"此得之若驚也。(語出《列子·說符》)

何謂貴大患若身?吾所以有大患者,爲吾有身,及吾無身,吾有何患。

何謂者,再問答張本,以起後義也。吾者,汎舉自稱。夫人所以有大患者,謂其有身也。且人之身,無毛羽以禦寒暑,必將資物,以爲養性全生之具,而貪生太厚者,動入死地,故大患隨之,是由封執②塵累(世俗事務的牽累)矜其有身也。若能外其身,不以身爲身,忘其心,不以心爲心,冥乎造化,同乎萬物,使行若曳枯木、坐若聚死灰,則向之寵辱大患,何緣及之。故曰:"及吾無身,吾有何患。"《齊物論》:

---

① 趙襄子:(?—公元前425年),春秋時期晉國大夫,原名毋恤,卒諡襄,史稱趙襄子。

② 封執:《莊子·齊物論》有"其次以爲有物矣,而未始有封也",唐成玄英疏:"初學大賢,鄰乎聖境,雖復見空有之異,而未曾封執。"原謂執持事物的界域,後引申爲固執、執著。

"子綦(qí,即南郭子綦,莊子所寓托高士)謂顔偃(字子游,子綦學生)曰:'今者吾喪我,汝知之乎?'"夫遺照(捨棄衆生相,進入忘我的精神境界)坐忘①,尚諸患莫侵,況體合自然者乎?無者忘也,外也。或以無身爲滅壞空寂者,失老氏之宗旨矣。

故貴以身於爲天下,則可以託天下,愛以身於爲天下,則可以寄天下。

自無身而上,汎論士民驚執寵辱,致其大患也。自貴愛而下,專說王者未能兼忘天下,故有寄託之名耳。然寄託之說,實非上德之君,若乃遊心於澹、合氣於漠②,順物自然而無容私者,則可復太古之風矣。陸希聲曰:"若以得失動其心,物我存乎懷,則寵辱不暫寧,吉凶未嘗息,安足爲天下之正、居域中之大乎?唯能貴用其身以爲天下、愛用其身以爲天下者,則是貴愛天下,非貴愛其身也。夫如是,則得失不在己、憂患不在身,似可以大位寄託之,猶不敢使爲之主,而況據而有之哉。此大道之行、公天下之意也。"(語出《道德真經傳》)開元御本作"故貴以身爲天下若可寄天下,愛以身爲天下若可託天下"。御注曰:"此章首標寵辱

---

① 坐忘:出自《莊子·大宗師》:"墮肢體,黜聰明,離形去知,同於大通,此謂坐忘。"指忘卻自己的形體,拋棄自己的聰明,擺脫形體和智慧的束縛,與大道融通爲一。

② 遊心於澹、合氣於漠:出自《莊子·應帝王》,意指遊心神於恬淡之域,合形氣於寂寞之鄉,形與神皆虛靜。

之戒,後以寄託結成者,夫寵辱若驚,未忘寵辱,貴愛以爲,未忘貴愛。故以辱校寵,則辱不如寵,以貴方愛,則貴不如愛。驚寵辱者,尚有寵辱介懷,存貴愛者,未爲兼忘天下。故初則使驚寵如辱,後欲令寵辱俱忘,假寄託之近名,辯兼忘之極致,忘寵辱則無所復驚,忘身則無爲患本,忘天下則無寄託之近名。"(語出《唐玄宗御注道德真經·寵辱章》)王弼本作"故貴以身爲天下者,則可以託天下矣,愛以身爲天下者,則可以寄天下矣。"弼注曰:"無物以易其身,故曰貴,如此乃可以託天下也。無物以損其身,故曰愛,如此乃可以寄天下也。不以寵辱榮患損易其身,然後乃可以天下付之也。"(語出《老子道德經注·第十三章》)正經今取《莊子·在宥篇》所引爲定,王弼本次之。注解輔嗣、希聲爲優,疑開元御本校勘時以別本增損,有失古意。寵辱皆驚,未免攖拂其心,唯達者順道無形,故次之以視之不見。

(以上第十三章)

視之不見名曰夷。

夷,古本作幾。幾者,幽無象也。《易》曰:"幾者,動之微。"(語出《易傳·繫辭下》)雖有此義,今存而不論。

聽之不聞名曰希,搏之不得名曰微。此三者不可致詰,故混而爲一。

道之難狀難說也如是,聖人不得已而強爲之名耳。且道非色不可以目視而見，故於無色之中，能色衆色，因而詺之曰夷。夷者，平也，謂漠然平夷無涯涘（sì，水邊）貌，在色而無色也。道非聲不可以耳聽而聞，故於無聲之中能聲衆聲，因而詺之曰希。希者，疏也，如物之希疏，無擊觸之聲，在聲而無聲也。道非形不可以手搏而得，故於無形之中能形衆形，因而詺之曰微。微者，妙也，微妙無質硋（ài，同"礙"），在形而無形也。唯至人以神視，可見無色之色，而出於衆色；以氣聽，可聞無聲之聲，而出於衆聲；以心察，可得無形之形，而出於衆形。言此希夷微三者皆道之應用強名，豈可以爲實有，而得致詰責問哉。故當混合而冥爲至一耳。君平曰："夫鴻之未成，剖其卵而視之，非鴻也，然其形聲首尾皆已具存，此是無鴻之鴻也。而況乎未有鴻卵之時，而造化爲之者哉。由此觀之，太極之原，天地之先，素有形聲端緒而不可見聞，亦明矣。不以視視者能見之，不以聽聽者能聞之，不以循循者能得之，不以言言者能辯之，是故無形之形，天地以生，謂之夷。無聲之聲，五音以始，謂之希。無緒之緒，萬端以起，謂之微。"（語出《老子指歸・視之不見篇》）此皆先賢舉其進道之方也。若夫能忘其視聽，㝠（míng，同"冥"）其循搏，混一都無，則至矣盡矣，不可以加矣。

其上不皦，其下不昧，繩繩不可名，復歸於無物。

夫形色之物，皆有涯分（限度），不能出其定方。唯道超然出於九天之表而不爲明，存乎太極之先而不爲高，使其學者居上與日月齊照而其光不皦(jiǎo,明亮)，沈然沒於九地之外而不爲暗，流乎六極(上下四方)之下而不爲深，使其學者在下與瓦甓(pì,磚)同寂而其明不昧，而繩繩運動，無窮無絕。生育萬物，而道不屬，生物自生爾；變化萬物，而道不屬，化物自化爾；萬物自生自化，自形自色，而不可指名於道也。既而尋本究原，歸於杳冥，復於沈默，斯乃道之運用、生化之妙數也。故曰："繩繩不可名，復歸於無物"。繩繩，接連不絕之貌，又無際也。

是謂無狀之狀，無物之象，是謂惚怳。

夫歸於無物者，非空寂之謂也，謂於無形狀之中而能造一切形狀、於無物象之中而能化一切物象，欲言有邪，而不見其形，是即有而無也；欲言無邪，而物由之以成，是即無而有也。有無不定，是謂惚怳(huǎng,同"恍")。惚，無也，言無而非無。怳，有也，言有而非有。故曰惚怳爾。

迎之不見其首，隨之不見其後。

夫道先乎天地，長於上古，湛然何來，莫知其始，故迎之不見其首。而又終古不息，後乎億劫(極長久之時間,佛經言天地的形成到毀滅爲一劫)，寂爾常存，莫知其終，故隨之不見其後。此使人廓其靈臺(心也)而法其道體也。

執古之道，以御今之有，能知古始，是謂道紀。

古道者，無形無名，天地之原，萬物之宗也。即視不見、聽不聞之道也。老氏使其治身治世者，執持上古無爲自然之道，制御即今有爲煩撓之俗，歸乎淳風，復乎太始（天地開闢、萬物始成之時代），使各正性命，不遷其德，是謂知道之綱紀（大綱要領）也。視聽莫詰（追問），怳惚無狀，能執持古道以御今之有爲者，其唯善士乎。故次之以古之善爲士者。

（以上第十四章）

卷　　三

古之善爲士者，微妙玄通，深不可識。

言上古善以自然之道治身、治國而爲士者，其德用淵微（深沉精微），神明遠妙，智照望冥，精誠通達，是以體貌深厚，孰能知識者哉。故道大似乎不肖，列子居鄭而人莫識（典出《列子·天瑞》："子列子居鄭圃，四十年人無識者。"），此乃古之善爲士者也。

夫唯不可識，故強爲之容。

有道之士，德量深遠，難可知識，恐後世無以爲師法，故強（勉強）爲說其容狀，指陳表儀，謂下文也。

豫若冬涉川，

豫，猶豫也。言有道之士，順從自然，弗逆萬物，不爲福先，不爲禍始，然而舉事退藏，輒加重慎，雖履坦途，常憂沒溺，有如寒沍（凍結）之月，揭涉長川，其心豫然而疑難，恐沈於不測之淵也。

猶若畏四鄰，

有道之士，常履虛無而不敢有爲，故出處而深思，猶然而畏慎，謹於去就（離任或受職），而慮幽明之司察，有如世人避禁，而畏四鄰之竊知，此戒之深也。

儼若客，

有道之士，儼然端謹，心無散亂，如賓對主人，曷敢造次，言無事無爲也。如東郭順子（戰國時期魏國賢人）正容悟物，使人意消，故田子方（戰國初期人，姓田，名無擇，字子方，魏文侯以之爲師）師仰之，李含光①居於暗室，如對君父，故司馬子微②激賞之，此可謂能儼若客也。

渙若冰將釋，

有道之士，外雖矜莊，內心閑放（悠閒放任）其智，智如春冰之釋，渙然泮（pàn，融解）散，凝滯都亡。

---

① 李含光：(682年—769年)，又稱玄靜先生，唐朝廣陵江都人（今江蘇揚州），茅山宗第十三代宗師。開元十七年（729年）從司馬承禎於王屋山，傳受道法。著有《三玄異同論》、《周易義略》及《老莊學說》等書。

② 司馬子微：即司馬承禎（647年—735年），字子微，法號道隱，自號白雲子，唐代河內溫（今河南溫縣）人，道教上清派茅山宗第十二代宗師。

敦兮其若樸，

敦者，淳厚貌。樸者，質素貌。又形未分曰樸。言有道之士，天資淳厚，質素未分，語默恬和，無文飾也。

曠兮其若谷，

曠者，寬大之稱。谷者，含虛之竅。言有道之士，德淳厚而不顯，器寬大而含容，任善惡之去來，如空谷之應答而常虛也。

渾兮其若濁。

雜波流曰渾，不分明曰濁。言有道之士，內心清靜，外雜波流，若濁水之不明，曷分別乎妍醜（美醜）。已上七事，治國則民不識不知，復乎太古，修身則和光同塵，冥乎至道。

孰能濁以澄靜之徐清，

言有道之士，心同淵泉，即其濁以澄靜之，則徐復其清矣。

孰能安以久動之徐生，

言有道之士，支離其德，當其安以久而動之則徐全其生矣。舊說云：至人外示混濁，不異凡流，內本澄清，同乎道體，徐徐而登假（升至）于清真（清素純真）也。復爲學人恐安此徐清之道，久而不遷住於諸境，故勉之令動，別求勝法，逮及徐徐漸生，不住諸相(一切事物外現之形態)，以至生生不絕也。一本作"孰能濁以靜之而徐清，孰能安以動之而徐生。"

保此道者不欲盈，夫唯不盈，故能弊不新成。

言人保守此徐清徐生之道者，善能謙以自牧(自我修養，語出《易·謙》："謙謙君子，卑以自牧。")，安其虛靜。夫唯不盈者，再舉獨有至人不矜恃盈滿，故能常守弊陋，雖有新成之功，而能持勝不動，更求進嚮，復增上善，不住小成，斯乃聖人之深趣也。善士師古，識量深微，敦樸空曠，得幽谷虛極之道，故次之以致虛極。

（以上第十五章）

致虛極，守靜篤。

致，得也。言人能心無愛欲，得沖虛之道，參查冥之極，復能常守清靜，則德化淳厚矣。《列子》曰："莫如靜。"(語出《列子·天瑞》)莫如虛靜也，虛也得其居也。《西升經》曰："人能虛空無爲，非欲於道，道自歸之。"(語出《西升經·道德章》)嚴君平曰："道德虛無，故能禀授。天地清靜，故能變化。陰陽反覆，故能生殺。日月進退，故能光曜。四時始終，故能育成。釋虛無則道德不能以然，去清靜則天地不能以存，往而不反，則陰陽不能以通，進而不退，則日月不能以明，終而不始，則萬物不能以生。是故有而反無，實而歸虛,心無所載,志無所彰,無爲如塞,不憂如狂,抱真履素,捐棄聰明,不知爲首,空虛爲常,則神明極而自然窮矣。動作反身,思慮復神,藏我於無心,載形於無身,不便生者,不以役志,不利天者,不以滑神,事易而神不變,内流而外不化,覆視反聽,與神推移,上與天遊,下與世交,神守不擾,生氣不勞,趣捨屈伸,正得中道。"(語出《老子指歸·致虛極篇》)

萬物並作,吾以觀其復。

人生而靜,天之性。今言致虛極守靜篤者,使人修之,復於妙本也,非止於人。蓋萬物之並動作者,未有不始於寂然而發於無形,生於和氣而應於變化,及觀其復也,盡反於杳冥而歸於無朕,以全其形真也。《易》曰:"復其見天地之心乎?"(語出《易·復卦》)天地之心謂寂然至無也。君平曰:"天地反覆,故能久長。人復寢寐,故能聰明。飛鳥復集,故能高翔。走獸復止,故能遠騰。龍蛇復蟄,故能章章。草木復本,故能青青。化復則神明得位,與虛無通,魂休魄息,各得所安,志寧氣順,血脉和平。"(語出《老子指歸·致虛極篇》)此皆暫爾復靜,猶能精神,況久歸至道者乎。

夫物芸芸,各歸其根,歸根曰靜,靜曰復命,復命曰常。

芸芸,茂盛貌,謂草木植物之類也。或作云云,動作貌,衆多貌,謂飛走動物之類也。以義推之,動植雖殊,咸歸其根。虛者沖漠(虛寂恬靜)之謂，靜者寂怕(清淨恬淡)之謂，沖漠寂怕者，乃動植之根本也。且無者有之本，靜者躁之君，動之極也，必歸乎靜，有之窮也，必復乎無。草木之根，重靜處下則長生，花葉輕動居上則凋落。物尚如斯，何況人乎？故聖人舉喻，使民息愛欲之心，歸乎虛靜之本，則可以復其性命之原矣。性命之原，即杳然冥然，視不見而聽不聞者也，此唯明哲之自悟爾。能悟之者，則行住坐卧不離乎虛靜寂寞而應變不遷，是得常道而復命者也。

知常曰明，不知常，妄作凶。

此言常道之難如此。知，猶悟也。悟常道者，神變無方，性無所不通，氣無所不同，不知萬物之爲我，我之爲萬物，故能蹈水火，貫金石，反山川，移城邑，乘虛不墜，觸實不硋，千變萬化，不可窮極，此神合常道者也。(義出《列子·周穆王》)其次則毓質不衰，顏如處子，住世千載，猒而上仙，此形同常道者也。其次則語默有法，出處合時，動與陽同波，光而不曜，靜與陰同德，用晦而明，世累莫干而身無咎，此能用常道者也。若以治體爲宗，則用常道爲上矣，故曰知常曰明。或作日明者，言日益明達，此有漸之說也。既悟常道，當如上說。或不悟常道者，反以神變爲妖，長生爲誕，虛極靜篤爲空曠，歸根復命爲滅亡，不知強知，不識強識，舉心僞妄，動作皆凶，《易》所謂"不常其德，或承之羞。"(語出《易·恒卦》)故曰妄作凶。

知常容,容乃公,公乃王,王乃天,天乃道,道乃久,沒身不殆。

夫知常道者,應用萬物,善救無棄,而無所不包容也。包容動植,於己無私,則襟懷蕩然而至公矣。至公無私,則德用周普,天下無不歸往者矣。王,往也。人既歸往,天將祐之,理同自然,於物無逆,是曰真人。而能出有入無,寞乎大通,久與道合,莫知窮極,則水火不能害,金石不能殘,世患莫侵,有何危殆。致虛守靜,歸根復命是知常。知常之人,道同大上,故次之以太上。

(以上第十六章)

太上,下知有之。

太上者,謂太古之上無名號之君也,所謂上德不德者也。其德無上可加,故曰太上。雖有君位,而不以尊自稱,任物自然,各正性命,故其教無爲,其治無迹,隨時舉事,因資立功,百姓日用而不知其道,但知有君上而已,謂帝何力於我哉。莊子曰:"至德之世,不尚賢,不使能,上如標枝(樹梢之枝),民如野鹿,端正而不知以爲義,相愛而不知以爲仁,行而無迹,事而無傳。"(語出《莊子·天地》)此太上之世也。

其次,親之譽之。

上德既衰,仁義章顯,故天下被其仁者親而附之,懷其義者譽而舉之。莊子曰："及至聖人，蹩躠爲仁，踶跂爲義，而天下始疑矣。"（語出《莊子·馬蹄》）疑則親譽生焉。又曰："舜有羶(shān)行（令人仰慕的德行），百姓悅之，故三徙成都。堯聞其賢，舉之登庸（登帝位），因而禪位。"（語出《莊子·徐無鬼》）此親之譽之也。

其次，畏之侮之。

仁義失而刑法立，刑法立則禁令嚴，禁令嚴而民畏之。夫禁令雖嚴而權詐爲事者，民從其化而爲欺罔，民欺罔則侮上之深者也。《鴻烈解》曰："太上仁化，謂太上下知有之也；其次使不得爲非，謂親之譽之也；其次賞賢而罰暴，謂畏之侮之也。"（義出《淮南子·主術訓》）

信不足，有不信。

心有孚（信用、信譽）之謂誠，言可復之謂信。信全則天下安，信失則天下危。今既權詐聿(yù)興，欺罔並起，君信不足于下，故下有不信之心應之。夫上之化下也，如明鑑之接形容而理無差焉。王弼曰："御體失性則疾病生，輔物失真則疵釁(cīxìn。罪瑕)作，信不足焉則有不信，此自然之道矣。"（語出《老子道德經注·第十七章》）

猶其貴言。

自親而下，已喪太上無爲之化，不能復淳古之風，猶其貴重言教,執守陳迹,以爲化方,雖然失道遠矣,不猶愈於忽言不信而致犯上作亂者乎?

功成事遂,百姓謂我自然。

夫有道之君,垂拱無爲,故功業成而不有,憺默清靜,故事務遂而忘知,民皆淳朴,無所妄爲,謂我自然而然也,親譽畏侮之心於何而有哉!舊說:信不足,有不信,覆釋畏之侮之;猶其貴言,覆釋親之譽之,功成事遂百姓謂我自然,覆釋太上下知有之。類乎膠柱調絃(喻指墨守陳規),今不從焉。太上無爲至德不顯,及其仁愛親之、譽之,則大道廢,故次之以大道廢。

（以上第十七章）

大道廢,有仁義;

大道即太古無爲之道。廢,猶隱也,又陵替不行也。人心不淳,則大道隱廢,至德不行也。然後仁愛漸生,義利浸長,故樸散以爲器,斯則大道廢有仁義也。莊子曰:魚相忘乎江湖,人相忘乎道術,此喻大道之世也。及其兼愛爲仁,裁非爲義,故仁義生乎不足。是猶"泉涸,魚相與處於陸,相呴(xǔ,呼氣)以溼(《莊子》原文爲"濕"),相濡以沫,不如相忘於江湖。"(語出《莊子·大宗師》)此諭大道廢有仁義也。

智慧出,有大僞;

夫敦愨(què,樸實)隱廢則智慧出,智慧出則大僞生,理勢然也。莊子曰：馬之真性，齕(hé,吃)草飲水，翹足而陸，喜則交頸相靡，怒則分背相踶(dì,踢)，馬智已此矣。及至伯樂治之，前有橛(jué,馬嚼子)飾之患，後有鞭策之威，加之以衡(車轅前之橫木)厄(馬頸上之曲木)，齊之以月題(馬額之佩飾，形如月)，馬乃介倪(側目而視)、闉(yīn)扼(曲頸脫軛)、鷙(zhì)曼(抵突)、詭銜(吐出馬嚼)、竊轡(擺脫籠頭)之智生矣。夫太古之時，民居不知所爲，行不知所之，含餔而熙，鼓腹而遊，民能已此矣。及至聖人，屈折禮樂以飭天下之形，縣跂(xuánqí，懸於高處而令人仰慕)仁義以慰天下之心，而民乃智詐漸毒頡(xié)滑(奸黠)堅白①解垢同異②之辯生矣(智詐漸漸毒害於物，混淆堅白之說，離亂同異之辯)。("莊子曰"后皆義出《莊子·馬蹄》、《莊子·胠篋qūqiè》兩篇。)此所謂智慧出有大僞也。

六親不和有孝慈，國家昏亂有忠臣。

六親，父子兄弟夫婦也。《禮記》曰："大道之行也，不獨親其親，不獨子其子。"(語出《禮記·禮運》)至仁忘親也，忘親者撫諸姪如己子，事伯叔如己父，六親無有不和，孝慈於何而彰，如是則衆之奉我親亦如我之奉衆親矣，是以上下和睦而親親相忘也。若在長失均平之教，居幼有高下之

---

① 堅白：戰國時期名家討論主題，以公孫龍"離堅白"爲代表，主張作爲觸感的"堅"與作爲視覺的"白"不能同時存於石中。

② 同異：戰國時期另一辯論主題，以惠施"合同異"爲代表，認爲"天與地卑，山與澤平"，萬物"畢異"本爲"畢同"，並無區別。

心,故違於大順則六親不和,而慈愛養親之迹見矣。且聖人均平,則四海一家,遊心姑射之山,杳然忘其天下矣。此則君上無爲而蒼生自化,於何而有抉目剖心之臣哉!是故瞽瞍①(gǔsǒu)頑舜稱大孝,魯晳②嚴而參稱能養,夏桀立而龍逢③彰,商紂亡而比干顯,斯不得已而爲之,非樂然也。大道廢而仁義彰,智慧出而大僞作,欲復淳風,在乎絕滅聖迹,棄去智詐,故次之以絕聖棄智。

(以上第十八章)

絕聖棄智,民利百倍;

聖者,謂制度法象功用陳迹之聖也。絕之者,欲復其渾樸也。河上公曰:"五帝④畫象,倉頡(傳說中漢字創造者)造書,不如三皇⑤結繩,無文之治也。"(語出《河上公章句·還淳》)

---

① 瞽瞍:,亦作"瞽叟",舜之父,傳說其爲人凶頑,屢次試圖陷害舜,但舜仍然侍之甚孝。

② 魯晳:即曾晳,名點,字晳,曾參之父,孔子的早期弟子,史載其對曾參教育非常嚴格。

③ 龍逢:即關龍逢,夏朝末年大臣,因諫而被夏桀所殺,後爲忠臣之代稱。

④ 五帝:傳說中的五個古代帝王,通常指黃帝、顓頊(zhuānxū)、帝嚳(kù)、唐堯、虞舜。

⑤ 三皇:傳說中上古三個帝王,説法不一,一說伏羲、神農、黃帝,一說伏羲、神農、女媧,一說伏羲、神農、燧人,一說伏羲、神農、祝融,一說天皇、地皇、人皇。

智者謂權變謀慮揣摩縱橫之智也，棄之者欲歸於無爲也。經曰："以智治國，國之賊。"（《老子·第六十五章》）夫不顯功用陳迹之聖，不用揣摩縱橫之智，則姦宄(guǐ，奸邪)不生、禍亂不作，民如童蒙，專事農業，則利民何止乎百倍。莊子曰："去小知則大知明。"（語出《莊子·外物》）又曰："善人不得，聖人之道不立。盜跖(zhí，傳說中的大盜)不得，聖人之道不行。"（語出《莊子·胠篋》）故須絕棄之民，始獲其利也。

絕仁棄義，民復孝慈；

仁者愛物，則人親之，義者宜物，則人譽之，而仁義之弊在乎親譽，親譽既行，則跂尚奔競之心生而性命之和失矣。性命之和失則孝慈之行何由而有，今使絕而棄之，是欲人全性命而復孝慈也。

絕巧棄利，盜賊無有。

巧者，雕斲(zhuó，砍劈)刻削機械扃鐍(jiōngjué，門閂鎖鑰之類)之謂也。利者，珠玉斗斛權衡符璽之謂也。夫機械扃鐍權衡符璽之屬，於小則能守備，於大則不可禦寇。今日絕棄之者，是猶擿(zhì，投擲)玉毀珠，焚符破璽，使民朴鄙而盜自止也。

此三者以爲文不足，故令有所屬。

屬，繼也。三者謂絕聖棄智、絕仁棄義、絕巧棄利。言此三者雖欲不用而復其淳古之風,然紀之爲文,垂之爲教,尚未明白,於理不足,故人多有疑難之者。別令有所屬繼,使羣心渙然如冰之釋,在下文。

見素抱樸,少私寡欲。

見素,謂守其純素,不雜文飾,聖迹智謀自然絕矣。抱樸,謂歸其樸厚,不徇矜夸,仁義之情自然棄矣。少私,謂守分至公,不好外美,而機巧自然絕矣。寡欲,謂節儉制情,泊然安靜,而浮利自然遺矣。夫聖智之迹,可以救近而不知傷遠;仁義之情,可以濟急而不知違真;巧利之器,可以助小而不知害大。故聖人明而不顯,知而不用,唯以見素抱樸爲懷,少私寡欲爲念,如是治國而民躋富壽,復于古風,修身則槁體灰心、嗒(tà,懊喪之狀)然喪耦①矣。聖迹絕則機智自忘,仁義絕則慈孝親睦,斯由學者之弊,故次之以絕學無憂。

(以上第十九章)

絕學無憂。

夫道者杳然難言,豈學者可得而進,故可傳而不可授,可得而不可具。輪扁②之伎(jì,通"技",技藝),非不傳也,蓋無

---

① 語出《莊子·齊物論》,"形固可使如槁木,而心固可使如死灰乎?","仰天而噓,荅焉似喪其耦"。

② 輪扁:製作車輪的匠人,其名爲扁,是《莊子·天道》中的故事人物,認爲自己製作車輪的技術祇可意會,不可言傳。

受伎之質也，況聖人之道乎？今之學者，但糟粕而已矣。所言絕學，非謂其絕滅不學也，謂守自然之性，不越分外而學也。猶如鳧（fú，野鴨）脛雖短，續之則憂。鶴脛雖長，斷之則悲。夫離朱①師曠②，天生聰明，後之學者，或致眇（miǎo，盲視）塞，性之長短，豈跂慕（仰慕、嚮往）矜夸所能逮哉！去其跂慕則無憂樂，蓋禀其自然之氣、得乎聖人之心，是以真曷足求而妄不足除也。世之務學而有憂者，垂首刺股，所趣不過虛名，映雪聚螢，所逐止存浮利，以致寵辱皆驚，憂樂兩陷，何其迷哉！

唯之與阿，相去幾何？善之與惡，相去何若？

唯者，恭膺（yīng，同"應"）也。阿者，慢應也。以名教言之，則唯恭而阿慢，以誠理論之，唯阿皆膺聲也。而世之執者，使變阿爲唯，或以唯異阿，是未明唯阿之同出乎一聲，相去何遠也。若忘世之執，則無唯阿之分。善者，吉之稱。惡者，凶之名。學而履之者，善也。不學而悖之者，凶也。夫道杳然虛極，淵兮沉靜，豈係學與不學哉！今爲善者無近名，名極則害身，爲惡者無近刑，刑極則殘生，放善之與惡非道之實，乃外物耳。既皆外物，則相去奚異哉！唯其

---

① 離朱：傳說其生活於黃帝時期，可於百步外見秋毫之末，《孟子》中稱爲"離婁"。

② 師曠：春秋時期著名樂師，其生而無目，精音樂，善彈琴，辨音力極強。

絕學者,雖有聖智而不自知,況善惡唯阿乎？或說云:變俗學爲真學,變阿爲唯,變惡爲善,如反掌耳。上之言至理也,此之言世教也。若以此辯,又何以異乎唯阿哉！古本作"美之與惡",如上章"天下皆知美之爲美斯惡已"。

人之所畏,不可不畏,荒兮其未央哉！

至人寞心妙道,絕學無憂,雖忘善惡於胷中,必順唯阿於形外,善惡之戒不敢不畏,其唯蘊道之深者乎！小夫則不然,慕善而不行善,畏惡而不去惡,猷溺世學往而不反,荒廢真性未嘗有中止之時。央,中也,止也。

衆人熙熙,如饗太牢,如春登臺。

熙熙,悅樂之貌。春臺,時物之華。此舉喻也。世人因學致僞,逐境失真,汩沒於愛欲之波,熙熙悅樂,如餓夫之臨饗太牢(古代祭祀,牛羊豕三牲具備謂之太牢),志無猒足,馳騁乎軒冕之途,欣然觀望,若遊子之登賞春臺,心迷不反也。

我獨怕兮其未兆,如嬰兒之未孩,乘乘兮若無所歸。

怕,寂也,又安靜無爲貌。兆者,形狀之初。孩,笑貌。乘乘,運動貌。夫至人之心,寂然安靜,無爲虛憺,莫知其形狀之迹,雖處乎囂塵之間,觀物之遷變,瞳然若嬰兒之不能分別笑耦也。既而隨世混迹,與物同波,乘衆人之所乘,行不崖異(乖異,謂人性情、言行不合常理),浩然都任,若無所歸趣也。又解：乘乘，若虛舟之東西而無所歸止也。怕，一本作"魄"，王弼作"廓"。乘乘，王弼作"儡儡"（léi，頹喪失意之貌），一本作"魁魁"。

衆人皆有餘，而我獨若遺，我愚人之心也哉！沌沌兮。

沌沌，不分貌。夫人心有所係，觸境如歸，饕餮於富貴之間，謂其心有餘樂矣。是以至人枇糠世務，纏繳（jiǎo。纏擾）紳修（大帶、長裙），知軒冕之去來如寄，故獨忽之若遺忘耳。此乃心宇沌沌而莫分，磅礴萬物以爲一，愚人之心固欲辯其美惡矣。一本作"純純"者，質樸無欲貌。我愚人之心也哉，猶云我豈愚人之心也哉，言非愚人之心，實無分別，則至人之心隤（tuí，柔順貌）然若此也。

俗人昭昭，我獨若昏。

昭昭，光燿自衒（xuàn，同"炫"）貌。夫世俗爲學而日益浮麗，自謂昭昭光燿，衒鬻（xuànyù。叫賣）才藝，是以至人智周萬物，未嘗矜夸，如同昏闇也。

俗人察察，我獨悶悶，忽兮若海，漂兮似無所止。

察察，嚴明貌，又苛急貌，又矜持貌。悶悶，寬裕貌，或作惛（hūn，古同"昏"）惛者，昧昧貌。夫世俗因學爲政，制度嚴明，立法苛急，矜持有爲，故民不聊生。是以至人體天法道，因循任物，在宥天下，寬裕昧昧，民乃全其真也。莊子曰:"至道之極,昏昏默默然。"(語出《莊子・在宥》)雖昏默不分,晦冥難測,而萬物歸之莫知其所往,百姓用之不知其所竭,善下廣納,莫測其深,故曰若海。而又應變之道,莫定其方,若流波漂揚無所止著。一本作"忽若晦,寂兮似無所止",言至人容儀忽然晦昧尸居(安居而無爲),其心寂靜,無所繫摯。此壺丘子林(即壺丘子,名林,戰國鄭人,列子之師)之波流九變也。二義俱通,今從上說。

衆人皆有以,我獨頑似鄙,我獨異於人而貴食母。

以,用也。世人崇尚學業,不能無爲,而有所施用,故曰有以。至人行若曳槁木,居若聚死灰,不外飾其形,故獨似頑鄙爾。夫至人出處語默,非欲異於人而自然與人異,何也?貴用其道爾。用道者,體與造化冥,故曰我獨異於人而貴食母。食,用也。母,道也,本也。或說:食,養也。母,神也。神能生身,故曰母。世人貴有欲以喪形,至人貴無欲以養神,故異於人。又曰:母,氣也。世人嗜好滋味,而至人貴食和氣,所以異於人也。或曰:老氏以和光同塵爲務,此篇何獨彼我之說云云。曰:此豈至人之本意哉,蓋不得已而言也。夫至人所行何嘗有異,自是世俗動靜相反,因垂言立教,故有彼此云爾。失禮之憂,因學而有,沌沌若昏,德容光大,故次之以孔德之容。

(以上第二十章)

孔德之容，唯道是從。

孔，甚也，大也。容，狀也。從，順也。至人，冥於道者也。常道無名，唯德以顯之，至德無本，順道而成之。夫大德之人，於諸相豈可見邪？唯有順道之容，髣髴（fǎngfú。隱約、依稀）是其狀矣。

道之爲物，唯怳唯惚

夫道杳然難言，故眡（shì，同"視"）聽不能聞見，何物之可謂邪？今言物者，蓋因強名以究妙理也。夫大德之人，能從順于道，道既無形，何從之有。既無其形，又不可名，當何以爲從乎？唯叩其怳惚者，則可以影響其象罔①耳。怳，似有也，在有非有；惚，似無也，居無非無。居無非無，即空是色也；在有非有，即色是空也。有無不可測，復假借于象物以明道也。

惚兮怳其中有象，怳兮惚其中有物。

象者氣象，物者神物，即莊子之所謂真君，今之所謂性者也。夫道怳惚不定，謂其無邪，惚然自無形之中，怳爾變其氣象，將爲萬物之朕兆也；謂其有邪，怳然自有象之初，惚爾而化歸於無有也。然而至無之中有神物焉，神物者陰陽不測妙、萬物以爲言者也，千變萬化，無所窮極，經營天

---

① 象罔：《莊子》寓言中的人物，似有象而實無，含無心、無形迹之意。

地,造化陰陽,因氣立質,而爲萬類,治身治國,鍊(liàn,同"煉")粗入妙,未有不由神物者也。

窈兮冥兮,其中有精,其精甚真,其中有信。

窈,深遠貌。冥,寂墨(古同"默")貌。夫道,怳惚不能定,象物不能見,又窈兮深遠,冥兮寂墨,問者不知其體,應者不明其理,然而中蘊純粹之精,畜乎自然之信,其精非僞故曰真,其化應時故曰信,猶烏足之爲蠐螬(qícáo。金龜子幼蟲,語出《莊子·至樂》,"烏足之根爲蠐螬"),人血之爲野火①,朽瓜爲魚(語出《列子·天瑞》:"朽瓜之爲魚也"),賢女爲石,雖動植之類萬殊,未有不精感而變、信至而不化者也,非至德孰能通於此。

自古及今,其名不去,以閱衆甫,吾何以知衆甫之然哉?以此。

閱,度也,又披也。甫,本始也。夫道,上自往古,下及來今,湛然常存而不去,形雖不見,名常在焉。以喻至人得道長年,故能閱度萬物之本始,知其皆始於道,故閱之以成其形質也。又設問我何以知萬物皆資禀於道、生死終始之然哉?答以道之怳惚窈冥,常在不去,故能應變爲治,清静

---

① 人血之爲野火:野火即燐火、鬼火,語出《列子·天瑞》,"羊肝化爲地皋,馬血之爲轉鄰也,人血之爲野火也"。

無爲,度閱萬物之遷移,未有不資禀于道者,以此也。大德之人,從順於道,順道則曲全,故次之以曲則全。

（以上第二十一章）

卷　四

曲則全,枉則直,窪則盈,弊則新,少則得,多則惑。

夫聖賢之士,博通古今,鈎深致遠,廓然見獨而蟠曲(盤旋曲折),才能未嘗顯燿者,欲遠害全身也。聰達明察,功業顯著,心直如矢,志端如弦,常枉己屈伏而不自伸者,此則大直之士也。又解:至人不與物逆,物來枉己則屈伏以受之,彼必内省知非,則直自歸之,故曰枉則直也。夫陵原川谷之變,高下不常,川谷窪下則水就而滿之,陵原高峻則雨剥而穨之,人之謙下則衆仰而歸之,以致其光大,故曰窪則盈。人有賢才而能支離其德、弊薄其身,則衆共樂推而其道日新矣,故曰弊則新。夫少者簡易之謂,《易》曰:"易簡而天下之理得矣。"(語出《易·繫辭上》)《西升經》曰:"子得一,萬事畢。"(語出《西升經·無思章》)多者博學之謂。《莊子》曰:"文滅質,博溺心。"(湮滅天然質樸之心,語出《莊子·繕性》)《列子》曰:路多岐則亡羊,學多方則喪道(語出《列子·說符》,"大道以多歧亡羊,學者以多方喪生")也。

是以聖人抱一爲天下式。

《經》曰："道生一。"(《老子·第四十二章》)一者,道之子,謂太極(中國古代哲學中的重要概念,指最原始的混沌之氣)也。太極即混元,亦太和純一之氣也,又無爲也。聖人抱守混元純一之道,以復太古無爲之風,可以爲天下法式(法度)。何以謂一爲無爲也?《經》曰："天得一以清,地得一以寧。"(《老子·第三十九章》)《莊子》曰："天無爲以之清,地無爲以之寧。"(語出《莊子·至樂》)以此可明矣。自"曲則全"下六事,尚有對治之迹,此云抱一無爲,可以兼包之,故爲天下式。

不自見故明,不自是故彰,不自伐故有功,不自矜故長。

此四事,皆無爲之識。夫聖人無爲,何嘗顯見己之才能,則天下自然稱其明矣。河上公曰："聖人雖明不自見,千里之外,乃因天下之目以視之,故能明達。"(語出《老子河上公章句·益謙》)夫能用天下之目者,亦不自顯見之意也。音訓雖異,其旨略同。且聖人虛靜,何嘗自是而非人,蓋彼我都忘,則天下自然稱其是而其德彰矣。聖人恬憺,何嘗自伐,取其德美,則天下自然稱其功業矣。聖人寂寞,何嘗自矜,大其賢貴,則天下自然稱其有道而長存矣。

夫唯不爭，故天下莫能與之爭。

《鴻烈解》曰："趙簡子①死，未葬，中牟（地名，今河南中牟縣）入齊。已葬五日，襄子②起兵攻之，圍未合而城自壞者千丈，襄子擊金而退。軍吏諫曰：'君誅中牟之罪，而城自壞，是天助我，何故去之。'襄子曰：'吾聞之叔向曰：君子不乘人於利，不迫人於險，使之治城，城治而後攻之。'中牟聞其義，乃請降。"（語出《淮南子·道應訓》）故曰："夫唯不爭，故天下莫能與之爭。"

古之所謂曲則全者，豈虛言哉？誠全而歸之。

夫聖人純一無爲，何嘗有爭競之心哉！《經》曰："含德之厚，比於赤子。毒蟲不螫(shì，刺咬)，猛獸不據，攫(jué)鳥不搏。"（《老子·第五十五章》）蟲獸尚爾，況於人乎？然而上古有此曲全之語，豈今日之寓言哉！人能行之，誠有全德之美而歸之于身，此再三勸勵之深旨也。曲全抱一，不矜不伐，不矜伐則希言，故次之以希言自然。

（以上第二十二章）

---

① 趙簡子：(？—公元前476年)，春秋時期晉國卿大夫，六卿之一，趙氏大宗宗主，原名趙鞅，又名志父，亦稱趙孟，奠定了趙國基業。

② 襄子：即趙襄子(？—公元前425年)，趙簡子之子，原名毋恤，卒諡襄，史稱趙襄子。

希言自然，飄風不終朝，驟雨不終日。

《易》曰："吉人之辭寡，躁人之辭多。"（語出《易·繫辭下》）貴其希疏而戒其不常也。言希疏則合自然。夫至人有問即應，接物即言，動靜以時，故合自然。以諭風雨時若則利乎萬物，暴卒不常則爲害。飄，猛烈也。驟，暴急也。從旦至晡爲終朝，自早及暮爲終日，夫山澤相通，爲此飄風，陰陽噴激，作此驟雨，蓋由陰陽失節、和氣不洽而致此，故不能長久也。以況於人語言違戾（乖謬之言），喜怒不常，其於純和，寧不喪乎？

孰爲此者？天地，天地尚不能久，而況於人乎？

設問誰爲此飄風驟雨者乎？答是天地之所爲也。夫形之大者莫過乎天地，氣之廣者莫極乎陰陽，陰陽相擊，天地交錯而爲猛風、暴雨，尚不能崇朝終日，何況人處天地之間，如毫末之在馬體，況敢縱愛欲、任喜怒，暴卒無節，趣取速亡，不亦悲乎！

故從事於道者，道者同於道，德者同於德，失者同於失。

從，爲也，順也。夫道虛無自然，安靜簡易之謂也。言人爲事，當從順於道，希言愛氣，永保天和，豈可若飄風驟雨而不久長也。然而順道者，動與陽同波，靜與陰同德，聚則成形，散則成氣，出有入無，同於妙道。行乎德者，內全諸己,不喪精神,外濟于物,澤及蒿萊(野草),功成不居,同於上德。趣嚮失者,以嗜欲爲樂,韁(jiāng,同"繮",繮繩)鎖爲榮,苶(nié,疲倦)然疲役而心不悔,甘乎死地同於喪失也。

同於道者道亦得之,同於德者德亦得之,同於失者失亦得之,信不足有不信。

言氣類相感(同氣相感、同類相召),有如此也。夫體冥妙道者,非但民之樂推,而大道之君亦得其人矣。功合上德者,非但民之仰戴,而至德之士亦得其人矣。心溺于喪失者,非但尸魄之欣樂,而失喪之徒亦得其人矣。蓋各以類應也。是以信乎道者得其道,信乎德者得其德;不信于道,輕忽于德,故道亦不應,德亦無稱,天下豈有信之者哉?故曰:"信不足有不信。"希言寡辭,自然同道,道同德洽而無跨跂,故次之以跂者不立。

(以上第二十三章)

跂者不立,跨者不行。

跂(qǐ,踮腳而立)者,舉踵而望,又進貌。跨者,夾物也,又超略貌。夫饕餮冒進之夫,跂望非分,欲求寵榮,雖苟得之,有若延頸舉踵,何能久立乎?而又才力卑劣,欲超略勝人衆共蔽之,使不得言,跨步夾物,心欲速達,何由得行乎?

自見者不明，自是者不彰，自伐者無功，自矜者不長。

"曲則全"第二十二章，明聖人無爲，不自矜伐而未嘗彰顯。此章言小夫則不然。自見己之才美，賈衒而蔽人，其於事也，豈得明乎？自是而非彼，美己而惡人，其於理也，豈得彰乎？仁不濟物，義不裁非，自取名譽，以爲光燿，其於治也，豈有功乎？矜大己能，以壓愚下，其於道也，豈得長乎？

其於道也，曰餘食贅行，物或惡之，故有道者不處。

附形曰贅（zhuì，附著），疣（yóu，皮膚病）之類也。已上自矜等行，其於無爲常道，猶棄餘之食，適使人惡，附贅之形，適使人醜，凡物尚惡之，況有道之士，曷嘗厝（cuò，安置）身處之乎？跨跂贅行，有道不處，其迹混成，故次之以有物混成。

（以上第二十四章）

有物混成，先天地生。

有物混成者，道之宗也。故眂之不見，聽之不聞，搏之不得。夫至理湛然而常存，故謂之有物。真道萬派而莫分，故謂之混成。然混成不可得而知，萬物由之以生，故曰有物混成也。先天地生者，道之元也。《經》曰："吾不知誰子，象帝之先。"（《老子·第四章》）莊子曰："夫道在太極之先而不爲高，在六極之下而不爲深，先天地生而不爲久，長於上古而不爲老。"（語出《莊子·大宗師》）此皆標道之大體也。

寂兮寥兮，獨立而不改，周行而不殆，可以爲天下母。

寂者，無聲。寥者，無形。既云有物混成，尋其形聲，窅(yǎo,深遠)冥空洞，無象無質，故曰寂寥。夫大塊(造物之名、自然之稱)卓然，無物可比，且形影因待，猶言獨化，況妙道廓然，何物能偶，故曰獨立。物雖千變萬化，出生入死，而妙道未嘗遷革，故曰不改。且道之用也，散則沖和之氣徧于太無(空曠虛無之境)，歛則純精之物藏于黍粟，周流六虛，應用不窮，故曰不殆。物無大小，皆仰於道，得之則全，離之則殞，生之成之，咸有所賴，故曰爲天下母。

吾不知其名，字之曰道，強爲之名曰大。

夫大道無形，故眂聽莫聞，搏取不得，既無形聲端緒，故不知其名。然而前稱有物則有體用，體用既彰，通生萬物，就用表德，字之曰道，包含天地，其體極大，故強爲之名曰大。

大曰逝，逝曰遠，遠曰反。

逝，往也。凡物之大，皆有邊際，唯道無窮無極，往無涯畔，故大曰逝；愈逝愈遠，莫究其源，故逝曰遠；雖遠出八荒(八方荒遠之地)之外，而收眂反聽，湛然於方寸之間，若鑑之明，應而不藏，故遠曰反。反，復也。往而還復，沒而復生，陰而復陽，皆道之化也。

故道大、天大、地大、王亦大，域中有四大，而王居一焉。

道爲天地之始，曠蕩無不制圍，萬物得之則生，士民懷之則尊，故曰道大。天者顛而在上，運動不息，覆物無窮，故曰天大。地者凝而在下，寂然不動，柔順安靜，厚載無窮，故曰地大。王者清靜無爲，化被萬物，黔黎(百姓)之首，不敢與天、地、道爲比，故云亦大也。域中四大，謂道、天、地、王也。域者，限也。夫道大包宇宙，細入秋毫，或超象外，或處域中，自地而上，皆屬于天，下必高遠，蒼蒼之謂也。天在地外，地處天內，王者人倫之尊，居九州之間，皆處于域中。故曰域中四大也。而王者參天地之道，秉萬物之權，於四大之中預其一焉。莊子曰："莫神於天，莫富於地，莫大於帝王。"(語出《莊子·天道》)帝王之德配天地，可不慎乎！

人法地，地法天，天法道，道法自然。

此戒王者當法象二儀(天地陰陽)，取則至道，天下自然治矣。夫王者守雌靜則與陰同德，所載無私，是法地也。又不可守地不變，將運剛健，則與陽同波，所覆至公，是法天也。復不可執天不移。將因無爲，與道同體，其所任物，咸歸自然，謂王者法天地則至道也。非天地至道之相法也，宜察聖人垂教之深旨，不必專事空言也。混成之道，是謂彊名，彊名四大，王居其一，王者以重制輕，故次之以重爲輕根。

（以上第二十五章）

重爲輕根，靜爲躁君。

夫草木花葉，輕脆而居標枝（樹梢之枝）者，則爲風霜之所零落，根本堅重而處于深下者，則物莫能傷而長存。以況治身治國，當以厚重爲根本。夫龍蛇蟠屈沉靜，則能變化升騰，虎豹威猛躁動，故遭射獵夭虧。以況治身者，心安靜則萬神和悅，故無嗜欲奔躁之患；治國者，君無爲則百姓樂康，故無權臣撓亂之憂也。

是以君子終日行不離輜重。

輜，屏車，又大車也。重者，重其行事也。夫至人君子未嘗容易其言行，凡所行必具輜車，所言必重其事，言行尚爾，況於至道，豈敢須臾離乎？或以輜訓靜者，亦戒其靜與重也。又解：行邁（mài，遠行）之人，未嘗遠離其輜車重載者，以其衣食之資所在也；苟遠而棄之，則有委困道途之患。以況君子若離道之重靜，以行輕躁，其於身患豈爲細哉！

雖有榮觀，宴處超然。

榮觀，紛華貌。宴，安也。言至人君子常憺怕其心，不以紛華榮觀爲美，無爲宴安超然，遠寄遣其驕佟，此亦守重靜之旨也。一本作"榮館宴舍"者，謂不樂榮華之館，宴安于小舍，而超然遠適也。

奈何萬乘之主而以身輕天下，輕則失本，躁則失君。

奈何，猶如何，傷歎之辭也。言爲萬乘之尊，處大寶之位，豈可不守重靜，輕身縱欲哉？夫爲臣而不鎮重，則失其身本而忘其職分。古本作"輕則失本"，人君不守無爲清靜，躁動擾民，則失其君位而喪其天和矣。舊說曰：人君輕易煩擾，則民離散，誰與爲臣。人臣飾詐干禄（gàn lù。求禄位），躁求權勢，坐招寃殛，不得事君。二義俱通。重靜之法，唯君子善行，故次之以善行無轍迹。

（以上第二十六章）

善行無轍迹，善言無瑕謫，善計不用籌策，善閉無關楗而不可開，善結無繩約而不可解。

善行者，順自然而行也。《陰符經》①云："觀天之道，執天之行。"謂觀自然之道無所觀也，執自然之行無所執也。夫無觀無執蓋得之於心，則不出戶而無轍迹也。善言猶莊子之卮（zhī）言（亦作"巵言"，自然隨意之言，一說爲支離破碎之言），酌中之言，日新之變，合於自然涯分而無過溢之談，如是則無瑕疵謫責之過也。善計者謂守一無爲，因任萬物，使長短廣狹大小多少各盡其分，而不損其自然之材器也。莊子曰："一與言爲二，二與一爲三，自此以往，巧曆（lì，同"曆"）不

---

① 《陰符經》：全稱《黃帝陰符經》或《軒轅黃帝陰符經》，也稱《黃帝天機經》，共300多字，舊題黃帝撰，當爲假託，其作者與成書年代，歷來學者看法不一。

能得,而況其凡乎?"(語出《莊子·齊物論》)此貴夫無爲而去其籌策(籌算、謀劃)也。《陰符經》曰:"八卦甲子,神機鬼藏,陰陽相勝之術,昭昭乎進乎象矣。"此皆有爲機變休咎之學也,至人遊心於物之初,任萬物之自治而不爲萬物所役,計己之身,即知于彼,故不用籌策。善閉謂心無爲也,心無爲者雖聲色在前而諸境不入于眠聽,此不用關楗而莫能開也。橫曰關,立曰楗。善結者謂以道約事也,至人簡易無爲,善以道繩約貪縱,自然結縛情欲而翛(xiāo)然(無拘無束貌)清静無勞解釋也。

是以聖人常善救人,故無棄人,常善救物,故無棄物,是謂襲明。

密用曰襲,聖人謂能行五善之聖人也。夫聖人體合自然,心冥至一,故能芻狗萬物爲而不恃,因人賢愚就之職分,使人性全形完,各得其用,故無棄人。又能隨其動植,任其材器,使方圓曲直不損天理,至于瓦甓稊稗(tíbài。似穀之草)咸有所施,故無棄物。常善者,謂藴其常道而能明悟任物也。《鴻烈解》曰:"昔者公孫龍[①]在趙之時,謂弟子曰:'人而無能者,龍不能與遊。'有客衣褐帶素而見曰:'臣能

---

① 公孫龍:(公元前320年—前250年),趙國邯鄲(今河北省邯鄲市)人,字子秉,戰國時期名家"離堅白"派的代表人物,提出了"離堅白"、"白馬非馬"等命題,著有《公孫龍子》。

呼。'公孫龍顧謂弟子曰：'門下故有能呼者乎？'對曰：'無有。'公孫龍曰：'與之弟子之籍。'後數日，往說於王，至於河上，而杭(方舟)在一汜(fàn，水涯)，使善呼之一呼而杭來。故聖人之處世，不逆有伎能之士。"(語出《淮南子·道應訓》)故曰無棄人。

故善人，不善人之師；不善人，善人之資。

　　善人者，謂有道之士也。《經》曰："立天子，置三公。"(《老子·第六十二章》)此將以教不善之人也。故曰善人不善人之師。設有不善之人，善人亦資取役使，以漸化導之。《經》曰："善者吾善之，不善者吾亦善之，得善。信者吾信之，不信者吾亦信之，得信。"(《老子·第四十九章》)此以德化攝伏不善人爲資給役用也。《鴻烈解》曰："楚將子發(戰國時期楚宣王的將軍，名舍，字子發)，好求技道之士。楚有善爲偷者，往見曰：'聞君求技道之士。臣，偷也，願以技齎(jī，予人以物)一卒。'子發聞之，衣不給帶，冠不暇正，出見而禮之。左右諫曰：'偷者，天下之盜也，何爲禮之？'君曰：'此非左右之所得與。'無幾何，齊興兵伐楚，子發將師以當之，兵三却(退卻)。楚良賢大夫皆盡其計而悉其誠，齊師愈強。於是市偷進請曰：'臣有薄技，願爲君行之。'子發曰諾，不問其辭而遣之。偷則夜解齊將軍之幬(chóu，同"幬"，帷幕)帳而獻之。子發因使人歸之曰：'卒有出薪者，得將軍之帷，使歸之於執事。'明日又復往取其簪，子發又使歸之。齊師聞之，大駭，

將軍與軍吏謀曰：'今日不去，楚軍恐取吾頭，遂還師。'無技細而能薄，在人君用之耳。"（語出《淮南子·道應訓》）

不貴其師，不愛其資，雖知大迷，是謂要妙。

夫聖人雖遊心於自得之場，不可不立其師資也。雖立師資，復恐貴尚其師，怜愛其資，泥於陳迹，不至遠達，故再舉不貴其師、不愛其資也。夫人雖因師發蒙，尋其至理，出自天性，是曰獨化，故伯樂不能御駑駘（nútái。劣馬）爲騏驥（qíjì。千里馬），良匠不能伐樗櫟（chūlì。喻無用之材）爲棟梁，將使人忘其企慕，然後可造至道之極。故列子師老商（複姓，古有老商氏，相傳爲列子之師）、友伯高（春秋時期賢士）而得風仙，既而曰："不知夫子之爲我師，若人之爲我友。"（語出《列子·黃帝》）此真忘其師資者也。聖人雖知小夫執滯言教，必以此言大爲迷謬，然而垂訓上士，使彼我俱忘，乃至言要妙之道也。

<small>善行善言，所以救人、救物也。爲師爲資，所以知柔、知剛也。故次之以知其雄。</small>

（以上第二十七章）

知其雄，守其雌，爲天下谿。爲天下谿，常德不離，復歸於嬰兒。

雄，尊強也，先也。雌，卑弱也，退也。夫知己之尊顯，出人之先，縱之則強梁生而禍患至矣，乃處身卑微，守其柔弱，謙退下位，而天下歸服，如水之流入深谿（xī，同"溪"）。既心宇如谿，是能保其常德不離于身，去剛躁之欲心，復性歸於嬰兒也。嬰兒者,諭其怕然淳和,是非都泯也。

知其白,守其黑,爲天下式。爲天下式,常德不忒,復歸於無極。

有道之士,心宇如谿,則虛室生白(室比喻心,心能空虛,則純白之道生也),昭昭明了,乃守其淵默,持之自晦,使光而不燿,此可爲天下之法式矣。人取以爲法式者,是見其常德無所差忒(tè。差錯),將與道冥極也。

知其榮,守其辱,爲天下谷。爲天下谷,常德乃足,復歸於樸。

有道之士,雖爲人所法式,當守卑辱,持勝自汙,則天下歸心,如水之投谷,器量如谷,是德充而無名,復歸於道樸。樸謂隱材藏用也。

樸散則爲器,聖人用之則爲官長,故大制不割。

復於道樸,則渾淪窅冥,視聽無得,此乃體冥真理也;若於治道,則當散而爲器。河上公曰:"萬物之樸,散則爲器用,若道散則爲神明,流爲日月,分爲五行也。"(語出《老子河上公章句·反樸》)夫人真心之散則爲念慮,念慮一動,則百行彰而庶事生。庶事者,材器也。聖人就其材器,因其賢能,而用爲百官之元長,故能大制群物,任之自然而不割傷也。陸希聲曰:"於乎!大道廢有仁義,大樸散而爲器,聖人能用其器，故可以爲群村之帥。夫唯大道不器，故能用此成器，大制不割，故能宰此群物。若未冥於道而欲用天下之器，見制於物而欲宰天下之材，吾必見其殆矣。"（語出《道德真經傳》）知雄守雌，謙德如谿谷之就下，知白守黑，自晦爲天下之法式。法式施用，將欲有所取焉，故次之以將欲取天下。

（以上第二十八章）

將欲取天下而爲之，吾見其不得已。

夫道無爲自然也，雖秋毫之小而尚由之，況天下乎？今若不由其無爲自然，而恃其果敢，將欲力取天下大器，而自縱有爲者，非徒失道，吾必見其不得死已。已者，死也。

天下神器，不可爲也。爲者敗之，執者失之。

神器者，大寶之位，是天地神明之器也。人乃天下之神物也。莊子曰："聞在宥天下，不聞治天下也。在之也者，恐天下之淫其性也。宥之也者，恐天下之遷其德也。天下不淫其性，不遷其德，有治天下者哉！"（語出《莊子·在宥》）此謂不治天下也。不治天下者，是以因循無爲，任物自然，故天下安而神物寧也。不任無爲自然而有所爲者，猶拙夫斲木，雖加其工，所敗多矣。故七竅鑿而混沌死，鞭策威而馬力竭，豈非爲者敗之乎？而又執而不移，自謂聖治，非唯喪至，理亦將自失其真。

故物或行或隨,或呴或吹,或強或羸,或載或隳。

此八事,謂外物不可必也。夫世有誠心行其事者,有僞意而隨之者;誠心則治,僞意則亂;治則自然,亂則有爲也。或有呴之爲溫,謂讚譽成人之美者;或有吹之爲寒,謂毀訾(zǐ,指責)致人之惡者。又解:呴溫諭富貴,吹寒諭貧賤,猶春夏之長養,秋冬之肅殺,世事代謝,亦復如是。或有見強而扶之者,或有見羸而抑之者,或有扶之使強者,或有抑之致羸者,此人情之傾奪也。或有載而安之者,或有隳(huī,毀壞、崩毀)而危之者。自此已上,並是失於自然,專任有爲,果敢欲有所取而致斯弊也。

是以聖人去甚、去奢、去泰。

甚、奢、泰,皆過當越分之謂也。是以治天下之聖君,知禍兮福所倚,福兮禍所伏,捨乎有爲,歸乎無欲,去造作之甚者,復于自然,去服玩之奢者,復于純儉,去情欲之泰者,復于清靜,雖甚、奢、泰之三名,乃無爲自然之一體,因玆奢泰,致其爲之,故老氏特垂深戒也。將欲必敗,強羸傾奪,縱己奢泰,不若以道佐人,故次之以道佐人主。

(以上第二十九章)

卷　　五

以道佐人主者，不以兵強天下，其事好還。

以，用也。夫賢臣用自然之道輔佐聖君者，當先明天而道德次之，道德已明而仁義次之，仁義已明而分守次之，分守已明而形名次之，形名已明而因任次之，因任已明而原省次之，原省已明而是非次之，是非已明而賞罰次之，此用道輔佐聖君之術也。是以執大象，天下往，往而不害，安平泰。夫兵者凶器，戰者危事，豈可示強兵于天下。兵之兆在心，懷恚未發，兵也；疾眎作色，兵也；傲言推梭，兵也；佷鬭（dòu，同"鬬"）攻戰，兵也。此四者鴻細之爭也。且人以暴陵物，物必傷之，是謂獸窮即搏，故曰其事好還。

師之所處，荊棘生焉，大軍之後，必有凶年。

師旅所居之處，必多害物侵民妨稼，致田荒室露，荊棘亂生。又大軍一過，誅戮無涯，生死之冤，感傷和氣，陰陽凶變，必水旱繼生。治身解：則多事爲師旅，煩惱爲荊棘，嗜欲爲大軍，疾病爲凶年，隨義縱橫，淵旨（深遠旨趣）莫盡。

故善者果而已,不敢以取強,果而勿矜,果而勿伐,果而勿驕。

夫兵之害物也,神人共惡之。然而明王聖主未嘗去者,其所自來上矣。庚桑子①曰:原兵之所起與始有人俱。又曰:有以咽藥而死者,欲禁天下之醫,非也;有以乘舟而死者,欲禁天下之船,非也;有以用兵喪其國者,欲禁天下之兵,非也。兵之不可廢,譬水火焉。善用之則爲福,不善用之則爲禍。是故怒笞不可偃於家,刑罰不可偃於國,征伐不可偃於天下。古之聖王,有義兵而無偃兵也,故以道輔佐人主者,當守雌靜,不敢以兵強天下,不得已而應之,故曰善用也。果,勇也。言善用師者,勇於濟難而已,不敢以兵刃取強於天下也。雖有果敢濟難之勇,勿矜其能,勿伐其功,勿驕其心,是謂善用者也。

果而不得已,是果而勿強,物壯則老,是謂不道,不道早已。

言雖果敢濟難止敵,然皆不得已也,但當以除暴爲事,非用果以爲強也。夫草木之生也柔脆,其壯極則枯落;人之幼也柔弱,其壯極則衰老。以喻用兵壯武則暴興,暴興

---

① 庚桑子:即庚桑楚,出自於《莊子·庚桑楚》,據傳爲戰國時期道家人物,有《庚桑子》傳世。

則敗矣。既敗，則不得謂之有道。非道之事不可法則而行，不如早止也。故義兵主，應兵勝，忿兵死，驕兵滅。① 善用兵者，決定果敢，不矜不忿，不貪不驕，不得已而後應之，義在除敵救人，非恃力好戰也。治身解曰：人之枯槁，因不行道，不行道者，早死而已矣。佐主當以道德，不可以佳美強兵，故次之以夫佳兵。

（以上第三十章）

夫佳兵者，不祥之器，物或惡之，故有道者不處。

佳者，好也，尚也。夫好尚兵戈以爲服玩者，是尚不善之器用也。且兵戈之屬，傷人形神，唯凶頑者樂爲也。凡物尚或惡之，況有道之士曷嘗處之乎？

君子居則貴左，用兵則貴右。

天地之道，左陽而右陰，陽主德生、主柔弱，陰主刑殺、主剛強，故君子平居則以有德者居左，戎事則以有勇者居右。

---

① 義出《文子·道德》："義兵王，應兵勝，忿兵敗，貪兵死，驕兵滅"，"誅暴救弱，謂之義；敵來加己，不得已而用之，謂之應；爭小故，不勝其心，謂之忿；利人土地，欲人財貨，謂之貪；恃其國家之大，矜其人民之眾，欲見賢於敵國者，謂之驕"。

兵者不祥之器，非君子之器。

此重疊而言，是經解經也。夫兵既主殺、主剛強，以傷害爲用，是謂不善之器也。君子以無爲自然爲心，道德仁義爲用，兵只可以爲武備，固非君子常用之器也。

不得已而用之，恬憺爲上。

夫蠻夷猾夏，寇賊姦宄（語出《尚書·舜典》），故有道君子不得已而用之，然未嘗爲起戎之首，故不敢爲主而爲客，不敢進寸而退尺，皆不得已也。蓋義兵以尅定禍亂應敵爲用，非貪土地利財寶也。莊子曰："市南宜僚①弄丸（古代一種技藝，兩手上下拋接多個彈丸，不使落地）而兩家之難解，孫叔敖②甘寢秉羽而郢人投兵。"（語出《莊子·徐無鬼》）斯所謂不戰而善勝，恬憺爲上也。又解：不亂曰恬，夷心曰憺，事至而不動撓者，此治身之法也。

勝而不美，而美之者是樂殺人，夫樂殺人者，不可得志於天下。

天地之大德曰生，人物之所共貴也。今不能以德懷

---

① 宜僚：春秋時楚之勇士，姓熊，居於市南，因號曰"市南子"。楚白公勝欲使宜僚殺令尹子西，宜僚正上下弄丸，卒不從命，白公、子西兩家之難終解。

② 孫叔敖：羋姓，蔿氏，名敖，字孫叔，春秋時期楚國名相，其安寢恬臥，無爲於上，楚國即無兵事。

來，而興師用兵，殺伐求勝，豈有道者之所佳美哉！《列子》曰："趙襄子使家臣攻翟，勝之而有憂色，此賢主持勝也。"(語出《列子‧說符》)故曰勝而不美。然而有美之者，是好樂殺人也；樂殺人者，非但人不歸附，亦將有殺之者矣。此凶暴好殺之士，不可使得志於天下；苟得志，必逆天之德，縱行誅戮，天豈祐哉！

吉事尚左，凶事尚右，偏將軍處左，上將軍處右，言以喪禮處之。

左爲陽，主生，故居常則尚左，吉也。右爲陰，主死，故喪禮則尚右，凶也。《禮記‧檀弓》曰："夫子(孔子)與門人立，拱而尚右，二三子亦尚右。夫子曰：'二三子之嗜學也，我則有姊之喪故也。二三子當復尚左。'"夫上將軍(軍中主帥)專殺，則處右；偏將軍(主帥輔佐)不專殺，故處左。言用兵之道同於喪禮，今上將軍居右者，是以喪禮處置之也。

殺人衆多，以悲哀泣之，戰勝則以喪禮處之。

夫義兵者，不得已而戰也。戰勝則殺人多，勝而不美，故悲哀而傷泣之。上將軍居右，右位主喪故也。兵者不祥之器，不得已而用之，君子所貴唯道之常，故次之以道常無名。

（以上第三十一章）

道常無名,樸雖小,天下不敢臣。侯王若能守,萬物將自賓。

夫道於大不終,於小不遺,包羅萬有,貫穿毫微,虛中藏實,陽內含陰,所謂道非常道、名非常名,故曰道常無名。既而無名,即非器用,器用未彰,乃謂之樸,道樸微妙,故眡之不見、聽之不聞,是謂之小。夫世之材器,有明可以役其眡,有聰可以役其聽,有心可以役其志,有勇可以役其力,有辯可以役其詞,有巧可以役其事,此諸有名,皆無爲者之所役使。唯道樸無名,故天下莫敢臣。夫侯王若能執守無爲之本,恍然在上,窅然虛懷,則外物不能累其真,嗜欲不能滑其神,萬物將自賓,四民無不服矣。

天地相合,以降甘露,人莫之令而自均。

天無爲則陰氣降,地無爲則陽氣騰,兩無爲相合則和氣並、甘露垂而嘉祥生,此乃侯王道矣。天地德洽神明也。《經》曰:"我無爲而民自化,我無欲而民自樸。"(《老子·第五十七章》)此皆不待命令而自然從化均平也。

始制有名,名亦既有,夫亦將知止,知止所以不殆。

始者,道也,無名也,即道常無名也。有名者,萬物之器用也。夫道始無名,能制御有名之物,是爲樸散則爲器,聖人用之則爲官長。名器者,亦盡爲王者之所有,名分既立,尊卑是陳,不可越于上下,故亦將知所止足,能知止足是自知曰明,既明且哲,豈有危殆乎？河上公本作"天亦將知之",言人能法道行德,天亦將知之,隨注解釋,義理相通。

譬道之在天下,猶川谷之與江海。

道之在天下,無所不徧,上則清都紫府(神話傳說中天帝所居之宮闕),下則瓦甓稊稗,順之則昌,逆之則亡。侯王能守清靜無爲,則上感和氣,下得民心,本末相洽,無不被其澤矣。是猶川谷之流與江海源通,順之則浸潤萬物,逆之則滂湃爲沴(lì,災害)也。守道則萬物賓服,能自知而知人也,故次之以知人者智。

（以上第三十二章）

知人者智,自知者明。

知人而分別之謂智,故知言之所以知人也,是謂適人之智,而不自知也。自知而默守之謂明,故知而不言,所以知天也,是謂自適其明而已,此超乎智之上也。

勝人者有力,自勝者強。

勝人者,不常勝之道也。不常勝之道曰強,強而有力,遇不及己者則勝,至於如己者則殆矣。自勝者,常勝之道也。常勝之道曰柔,柔能自謙,物必推先,謂不勝而自勝,不任而自任,常安無殆,非強而何？

知足者富,強行者有志。

知足者,謂止其欲也。欲心不侈,儉嗇自足,可謂富矣。強行者,謂勤而行之也。勤行必獲,可謂有志節矣。莊子曰:"曾子①居衛,縕袍(以亂麻爲絮的袍子,貧者所服)無表(罩衫),顔色腫噲(kuài,虛腫),手足胼胝(piánzhī。繭子),三日不舉火,十年不製衣,正冠而纓絕,捉衿而肘見,納履而踵決,曳縱而歌商頌,聲滿天地,若出金石,天子不得臣,諸侯不得友,故養志者忘形,養形者忘利,致道者忘心矣。"(語出《莊子·讓王》)斯所謂知足者富,強行者有志也。

不失其所者久,死而不亡者壽。

所者,謂天之所受,壽夭窮達,貴賤貧富也。保其常理,安之於命,不以得喪動其懷,是能久矣。如是則當生不以生爲樂,知儵然而來,遇死不以死爲憂,知儵然而往,直順命以待終,不殘生以自喪,故曰壽也。嚴君平曰:"不知人則無以通事,不通事則無以交世。不自知則無以知天,不知天則無以睹未然。不勝人則無以在上,不在上則無以爲王。不自勝則無以自得,不自得則無以得人。不知足則無以知富,不知富則無以止欲。不強行則無以順道,不順

---

① 曾子:(公元前505—前435),名參,字子輿,春秋末期魯國南武城(山東平邑)人。儒家學術史上的重要人物,上承孔子,下啓子思、孟子,據傳《大學》即其所作。

道則無以得意。動作非任無以得和,不得和則無以久生。不久生則無以畜精神,精神不積無以得壽。故立身經世,興利除害,接物通變,莫廣乎知人。攝聰畜明,建國子民,達道之意,知天之心,莫大乎自知。柄政履民,建法立儀,設化施令,正海內,臣諸侯,莫貴乎勝人。奉道德,順神明,承天地,和陰陽,動靜進退,曲得人心,莫崇乎自勝。治家守國,使民佚樂,處順恭謹,慈孝畏法,莫高乎知足。遊神明於昭昭之間,恬憺安寧,尊顯榮華,莫善乎得意。任官奉職,事上臨下,成人之業,繼人之後,施之萬民,莫過乎可久。天地所貴,群生所恃,居之不厭,樂之不止,萬福並興,靡與爭寵,莫美乎壽。"(語出《老子指歸・知人者智篇》)陸希聲曰:"知出於外謂之智,如日火之外光。知反於內謂之明,如金水之內景。用弱以勝人之暴,為有道之力,守柔以自勝其躁,為有德之強,知足於利欲者,不亡其大業,故謂之富。強行仁義者,可至於盛德,故謂之有志。動而不失其所常故可久,身死而道不亡故謂之壽。"(語出《道德真經傳》)知人則勝人,自知則知天,已而不失其所,死而不亡,汎然無繫,得其道歟,故次之以大道汎兮。

(以上第三十三章)

大道汎兮,其可左右。

汎兮,無繫著貌。夫道至高無上,至深無下,平乎準(測水平的儀器)而直乎繩,圓乎規而方乎矩,包裹宇宙而無表裏,洞同覆載而無所硋。汎汎兮滿乎太空(天地之間)而無所繫著者,其唯道之體乎！或可于左,或可于右,皆逢其源,而無所不周者,其唯道之用乎！

萬物恃之以生而不辭,功成不名有。

恃,賴也。夫天恃道之陽氣而運轉于上,地恃道之陰氣而安處于下,天地至大,猶恃賴道以爲用,況萬物之繁,何莫由之以生乎？且大道無情,生育天地,其於萬物豈有辭勞哉？而又大道無形,造物無物,萬物雖有恃賴之名,尋其生也,卓然獨化,物化而自生,故無因代辭謝之迹,聖人功業成而不名己有者,是法道之用也。

愛養萬物而不爲主,常無欲可名於小

夫道能覆育群品而不望其報,故聖人以仁愛畜養萬類,使各遂其性,長而不宰。《經》曰:"常無欲以觀其妙。"(《老子·第一章》)妙則無所不入,可以名其樸爲小矣。一本作"衣被萬物",衣被爲覆育也。

萬物歸之不爲主,可名於大。

夫道覆載萬物無不制圍,萬物歸之而無不同,同之而不爲主。莊子曰:"不同同之之謂大。"(語出《莊子·天地》)大則無所不容,可名道爲大。

是以聖人終不爲大,故能成其大。

聖人執道自謙而稱孤、寡、不穀,是終不爲大也。萬國歸之,樂推不猒,是能成其大也。杜光庭①曰:"聖人愛民恤物,巨細申恩,若可名於小矣,任物遂性,歸功於天,又可名於大矣。法道施化,布德及人,鼓以淳和之風,被以清靜之政,忘功不有,不自尊高,故其盛業可大,聖德可久,以其不爲大,故能成此尊大也。修身之士,汎然無著,若雲之無心,水之任器,可左可右,隨方隨圓,不滯於常,物來斯應,鑒物斯廣,不伐應用之心,利物雖多,不矜兼濟之德,仁逮蠢動,未始爲私,衆善歸宗,不爲之主,是能彰非小非大之德,無自尊自伐之稱,可以契全真之大道矣。"(語出《道德真經廣聖義·大道汎兮章》)大道汎兮而左右逢其源,萬物歸之其由執大法,法,象也。故次之以執大象。

(以上第三十四章)

執大象,天下往,往而不害,安平泰。

大象,大法也。八卦九疇(傳說中天帝賜給禹治理天下的九類大法)之謂也。太古之君天下無爲也,天德而已矣。逮乎聖人設卦觀象,吉凶明而變化生,故有得失進退也。夫鴻荒乍變,執守大法以治天下,天下之淳朴去矣。往,去也。淳朴

---

① 杜光庭(850年—933年),字聖賓,號東瀛子,浙江縉雲人,唐朝上清派著名道士,一生著述頗豐,對道教學說的發展做出巨大貢獻,在道教史上是承唐啓宋的重要歷史人物。

初去而大法可扶,故往而不害。往而不害者,是由隨時而舉事,因資而立功,量材授職,不傷性分,故天下安而平泰矣。嚴君平曰:"道無形,故天地資之以生;道無有,故陰陽資之以始;道無法,故四時資之爲業;道無象,故萬類資之以往。故大法無法,大象無象,大無不無,大有不有,爲生於不生,爲否於不否。故道無爲而天地成,德無事而萬物處,夫何爲哉?不無不有,不爲不否,道自得於此,而萬物自得於彼矣。斯所謂天德而已矣。使道變化,待有爲而後然,則其所然者寡矣;待有事而後施功,則萬物所蒙者鮮矣。"(語出《老子指歸·執大象篇》)斯所謂有得失進退也,故下文云。

樂與餌,過客止。

此舉喻也。夫音樂之和,人必爲之少留;饌餌之美,客必爲之暫止。樂之佚也,耳滿而過焉。餌之飫(yù,飽食)也,舌味而爽焉,客之止也,主倦而猒焉。夫法之初興,民皆親之譽之,及其弊也,則畏之侮之。莊子曰:"仁義,先王之蘧(qú,驛車)廬也,止可以一宿,而不可以久處,覯而多責。"(語出《莊子·天運》)此言法之用也。隨世汙隆(升降興衰),滯而久之,理必敗矣。既敗,豈有往而不害哉!既受其害,則奚足言其安平泰也。

道之出口,淡乎其無味。

夫樂佚(悠閒安樂)餌飫,則過爽(過錯失誤)隨焉。大法一弊，則畏侮彰焉。若夫道之出口，淡然無味，所謂信言不美也。清靜無爲，則民樂其性，故含餔鼓腹而遊乎混茫，則不知其所之矣。豈有和悅之聲、甘美之味審聽咀嚼哉！

視之不足見，聽之不足聞，用之不可既。

夫法象有爲，屬於眂聽則窮矣。自然無爲，而聲色莫能究也。故曰視之不見，聽之不聞，自古及今，其名不去，百姓日用而不知，此用之不可既也。無象之象則無所執，無執則用之不既，若執而有之，豈免歙張與奪，故次之以將欲歙之。

（以上第三十五章）

將欲歙之，必固張之；將欲弱之，必固强之；將欲廢之，必固興之；將欲奪之，必固與之；是謂微明。

此章先賢解者多端，皆不條理。其說或引孔子曰："可與適道，未可與立；可與立，未可與權"（語出《論語·子罕》）以明之者，或引國家權變爲辭，近乎縱橫之說，亦未可據。此乃與《陰符》"天機"合矣，在乎高識變通者密用爾。陸希聲曰："夫聖人之淵處，莫妙於權實，實以順常爲體，權以反經爲用，權所以濟實，實所以行權，權實雖殊，其歸一揆。老氏既以實導人，立知常之教，又以權濟物，明若反之言，《易》所謂'曲成萬物而不遺，範圍天地而不過'者也。"（語出

《道德真經傳》《鴻烈解》曰:"齊桓公①好味,易牙②烹其子而餌之。虞君好寶,晉獻公③以璧馬鈞之。胡王好音,秦穆公④以女樂誘之。是皆以利見制於人也。"(語出《淮南子·主術訓》)嚴君平曰:"道德所經,神明所紀,天地所化,陰陽所理,實者反虛,明者反晦,盛者反衰,張者反弛,有者反亡,生者反死,此物之性而自然之理也。故反覆之便,屈伸之利,道以制天,天以制人君,人君以制臣,臣以制民,含氣之類,皆以活身。虎豹欲據,反匿其爪,豺狼將食,不見其齒。聖人去意以順道,智者反世以順民,忠言逆耳,以含其正,邪臣將起,務順其君,知此而用之,則天地之間、六合之內皆福也;不知此而用之,則閨門之內、骨肉之間皆賊也。故子之與弟,時爲虎狼,仇之與讎,時爲父兄,然中有否,否中有然,一否一然,或亡或存,故非忠雖親不可信,非善雖近不可親,此賢人之所嗟歎,而聖智之留心也。"(語出《老子指歸·將

---

① 齊桓公:(?—公元前643年),姜姓,呂氏,名小白,春秋時期齊國國君,在位期間任用管仲爲相,推行改革,齊國由此逐漸強盛起來,齊桓公也最終成爲春秋五霸之首。

② 易牙:雍人,名巫,也叫雍巫或狄牙,春秋時期齊國人。精於烹調,長於辨味,史稱其:"至於味,天下期於易牙"(《孟子·告子上》)。據傳曾爲齊桓公烹食自己兒子。

③ 晉獻公:(?—公元前651年),姬姓,名詭諸,春秋時代晉國君主,在位26年。

④ 秦穆公:(?—前621年),嬴姓,趙氏,名任好,春秋時代秦國國君,在位39年,在《史記》中被認定爲春秋五霸之一。

欲歙篇》)《莊子》稱徐無鬼見魏武侯①,先相狗馬,然後勞君之神形,而結以政治,斯乃智者歙張之權也。若以此理而推之,則微明之旨見矣。

柔弱勝剛強。

夫柔之勝剛、弱之勝強,其道之理歟,就此而論,權變之用明矣。

魚不可脫於淵,國之利器不可以示人。

國家之權謀,利物之大器也。夫魚脫離於淵泉,則螘(yǐ,同"蟻")能苦之,國家之權謀泄于下,則小夫得以玩弄,況姦雄乎?《陰符經》曰:"天有五賊,見之者昌。"豈可輕以示人乎?又解:魚脫於淵,不可復得,權失於臣,不可復收。韓非曰:"勢重者,人主之淵也,臣者淵之魚也。古人難以直言,故託之於魚。賞罰者,利器也,君操之以制臣,臣得之以擁主,故君先見所賞,則臣鬻之以爲德,君先見所罰,則臣鬻之以爲威,國之利器可不慎乎?"(語出《韓非子·內儲說下》)《鴻烈解》曰:"昔者司城子罕相宋,謂宋君曰:'夫國家之安危,百姓之治亂,在君行賞罰。夫爵賞賜與,民之所好也,君自行之;殺戮刑罰,民之所怨也,臣請當之。'宋君曰:

---

① 魏武侯:(?—公元前370年),名擊,魏文侯之子,戰國時期魏國君主。

'善,寡人當其美,子受其怨,寡人自知不爲諸侯笑矣。'國人皆知殺戮之制專在子罕也。大臣親之,百姓畏之,居不至朞(jī,同"期",整年)年,子罕遂却宋君而專其政。"(語出《淮南子·道應訓》)此魚脫於淵而利器移於下也。歙張與奪之術,是謂微明。明則魚脫於淵,微則入於常道,故次之以道常無爲。

（以上第三十六章）

道常無爲而無不爲,侯王若能守,萬物將自化。

夫道之常也,湛寂不動,故曰無爲;應物而動,物皆自用,故曰無不爲。侯王若能常以虛爲心,以無爲身,持守而不撓者,萬物將自從其化也。《經》曰:"我無爲而民自化。"（《老子·第五十七章》）

化而欲作,吾將鎮之以無名之樸。

夫天下之善人少而不善人多,是以聖人之德化常善救人,假有不從其化而欲動作背道者,聖人亦自寬宥,將以無名道樸鎮撫之,使其清靜無爲也。

無名之樸,亦將不欲,不欲以靜,天下將自正。

道本無迹,假淳樸以爲言,而滯迹之流,執淳樸之有而爲後世之弊,聖人憂其弊之不救,亦將不欲,存此無名之樸,則天下俛然自定,入於道常無爲而無不爲也。陸希聲曰:"首篇以常道爲體,常名爲用,而極之以重淵。此篇以無爲爲體,無不爲爲用,而統之以兼忘,始末相貫,而盡其體用也。"（語出《道德真經傳》）道常無爲,是謂常道,常道應變而無不爲也。

（以上第三十七章）

德　經

下篇明德,以不德爲元,不德者忘德以應用者也。

卷　　六

上德不德，是以有德。

德者，得也。内得於心，外得於物，常得而無喪，利而不害，物得以生，謂之德也。本由蘊道故有德，有德而無名，道之深也；有德而有名，道之淺也；道有深淺，故德有上下。所謂上德者，至德也。至德者深矣遠矣，與物反矣，人不見其迹，則謂之不德；以其含光匿燿，支離所爲，使百姓日用而不知，其德全矣，故曰有德也。

下德不失德，是以無德。

下德者，迹用漸彰，至一澆（jiāo，淺薄）散，因循任物，物保其安，天下稱之，歸美于己，雖其德不喪，已遠於至德也，故曰無德也。

上德無爲而無以爲。

夫有上德者，性受自然之至妙，命得元氣之精微，神貫天地，明並日月，無思無慮，心自無爲，忘功忘名，迹無以爲用也,謂無用己爲而自得也。古本作"上德無爲而無不爲",言上德之人,心既寂默,性亦恬憺,縱心所好,不違自然,任性所爲,不逆萬物,故無爲而無不爲。

下德爲之而有以爲。

下德,降於上德者也。性受自然之平淡,命得元氣之純和,神配陰陽,明效日月,民皆仰戴,咸共樂推,故曰有以爲。古本作"下德爲之而無以爲",言下德之人心存仿像,執守沖虛,應物臨機,不敢造次,故曰無以爲。

上仁爲之而無以爲。

仁者,博施兼愛皆可爲也,可爲而無偏私,故言上仁。有心濟乎群品,故言爲之。功成不居,事遂不宰,故無以爲也。

上義爲之,而有以爲。

義者宜也。有所宜必有所虧,處于事類而無所不宜,故曰上義。有宜有利,故爲之。其所爲者,皆由裁非斷割而有以爲也。

上禮爲之而莫之應,則攘臂而仍之。

攘臂,謂攘除衣袂以出臂也。仍,引也。夫禮者,履也,謂履道而行,辯上下,定貴賤,謙恭和柔,使無爭心,斯禮之本也,故稱上焉。玉帛交馳,威儀相答,擎跽曲拳(行跪拜之禮,語出《莊子·人間世》:"擎跽曲拳,人臣之禮也。"),進退顧揖,此禮之文也,故爲末焉。莊子曰:"大禮與天地同節。"(語出《禮記·樂記》)①又曰:"以禮爲翼者,所以行於世也。"(語出《莊子·大宗師》)古聖制禮,使人定心氣,整容貌,故曰爲之。然而中下之士,喪本崇末,曲說煩多,不能應答,故曰莫之應,此失禮之微者也。而有艴(fú,惱怒)然作色,奮臂仍引,指陳去就,爲爭競之端,又失禮之甚者也。老氏舉渾淪分散,一至於此,在下文也。嚴君平曰:"虛無無爲,開導萬物,謂之道人;清靜因應,無所不爲,謂之德人;兼愛萬物,搏施無窮,謂之仁人;理名正實,處事之宜,謂之義人;謙退辭遜,恭以守和,謂之禮人。"(語出《老子指歸·上德不德篇》)此五者,皆可道之陳迹,非至至者也。至至者,一尚不存,安有其五。

故失道而後德,失德而後仁,失仁而後義,失義而後禮。

夫道、德、仁、義、禮五者之體,不可致詰,故混而爲一,一既分矣,五事彰而迹狀著,故隨世而施設也。道者德之體,德者道之用,離體爲用,故失道而後德。德者得也,物得以生謂之德,有生必愛,故失德而後仁。仁者親也,親愛物宜,故失仁而後義。義者宜也,宜則謙恭,故失義而後

---

① 《正統道藏》本有誤,此句應爲《禮記·樂記》文,非莊子言。

禮。禮者履也，履道成文，簡直則易行，煩曲則殽亂也。失者亡也，末盛而本亡，自然之理也。嚴君平曰："帝王根本，道爲之元，德爲之始，道失而德次之，德失而仁次之，仁失而義次之，義失而禮次之，禮失而亂次之。凡此五者，道之以一體而世主之長短也，故所爲非其所欲，所求非其所得，不務自然而務小薄也。夫禮之爲事，中外相違，華盛而實虧，末隆而本衰，禮薄於忠，權輕於威，信不及義，德不逮仁，爲治之末，爲亂之元，詐僞所起，忿爭所因。"（語出《老子指歸·上德不德篇》）謂下文也。

夫禮者，忠信之薄而亂之首。

夫忽道德仁義而專以禮教爲用者，豈非忠信之薄而亂之首乎？若乃尊道德仁義而兼用禮教者，是禮之上也，則何往而不治哉？莊子曰："聖人行不言之教，道不可致，德不可至，仁可爲也，義可虧也，禮相僞也。"（語出《莊子·知北遊》）此與亂之首義同。

前識者，道之華，而愚之始。

夫修崇禮教者，智也。智爲先見，故曰前識。識既先物，安能忘懷，故以智治國，國之賊，豈非道之華而愚之始乎？若乃藏識藏智，何思何慮，則反其質素矣。禮煩則亂，智變則詐，此必然之理也。

是以大丈夫處其厚不處其薄,居其實不居其華,故去彼取此。

大丈夫者,有道之士也。文子①曰:"大丈夫恬然無思,憺然無慮,行乎無路,遊乎無息,出乎無門,入乎無房,屬其精神,偃其知見,漠然無爲而無不爲也。"(語出《文子·道原》)夫如是則所處自然樸厚,合乎上德也。居忠信而務誠實,曷嘗華綺詐僞哉?是故去彼禮義之淺末,取此道德之大本也。古本四句並作處字。有妙道然後萬物生焉。天地之大德曰生,物得以生謂之德,不德之德故曰上也。在德不失故曰下也。上下雖殊而各得其一,故次之以昔之得一。

(以上第三十八章)

昔之得一者,天得一以清,地得一以寧,神得一以靈,谷得一以盈,萬物得一以生,侯王得一以爲天下正,其致之一也。

昔者,往古也。一者,元氣也。元氣爲大道之子,神明之母,太和之宗,天地之祖,結爲靈物,散爲光耀,在陰則與陰同德,在陽則與陽同波,居玉京而不清,處瓦甓而不溷(hùn,骯髒),上下無常,古今不二,故曰一也。藏乎心內則曰靈府,升之心上則曰靈臺,寂然不動則謂之真君,制御形軀

---

① 文子:《漢書·藝文志》記載其爲老子弟子,與孔子同時。北魏李遑認爲文子姓辛,號計然,受業於老子,范蠡曾師事之,似無根據。據傳《文子》是其著作。

則謂之真宰,卷之則隱入毫竅,舒之則充塞太空。《西昇經》曰:"子得一而萬事畢。"(語出《西升經‧無思章》)人能虛心待之,一自歸己。莊子曰:"氣也者,虛而待物者也,唯道集虛。"又曰:"虛室生白,吉祥止止。"(語出《莊子‧人間世》)夫天者,純陽之氣也,且天得之故能剛健運動,穹窿廣覆,垂象清明,萬物資始焉。地者,純陰之質也,且地得之故能信順柔弱,盤礴(猶磅礴)厚載,安寧不動,萬物資生焉。神者,妙萬物以為言也,且神得之故能通變無方,反覆不窮,正直靈響,應物無盡焉。谷者,溪之絕深者也,且谷得之故能氣運水注,盈滿不竭焉。萬者數之大,物者形之可見也,物得之故能生生成成而不歇滅焉。侯者五等之爵,王者君之通稱,得之故能永有大寶,無思不服,而為天下正焉。夫上五事能致清、寧、靈、盈、生者,皆由君道正使然也。正者得其沖一之謂,沖一失則凡物喪亡。在下文也。開元御本作"其致之",無"一也"二字,於義闕焉,此取古本為正。嚴君平本無"萬物得之以生"並下文"萬物無以生將恐滅"十四字。以人為萬物之靈,侯王為人之君,故總而言之也。有之則文句備,略之則義未闕,於理亦通。

天無以清將恐裂,地無以寧將恐發,神無以靈將恐歇,谷無以盈將恐竭,萬物無以生將恐滅,侯王無以貴高將恐蹶。

無以者,致誡之辭也。天者陽之德,表君象,言天無以清自恃,若恃之則失至明之道,致陰陽繆戾,紀綱弛絕,沖一不運,將恐有開裂之兆。且陽氣之亢也,必爲災衰,沖和之散也,必致開裂。故《陰陽書》①曰:"天裂者,陽氣不足,君德衰微也。"自此以下,皆垂誡之辭也。夫地者陰之德,表臣象,言地無以寧自恃,若恃之則失安靜之道,致剛柔卷折,山川崩缺,沖一不守,將恐有發泄之應。且陰氣之極也,必有水沴(lì,水災),沖和之消也,必致發泄。故《陰陽書》曰:"地震者,陰氣有餘,臣道失職也。"夫神者靈變也,凡物精通皆有其神,陰陽不測者也,言神無以靈自恃,若恃之則失至變之道,致禍生恠(guài,同"怪"),祅祥勃興,沖一不居,將恐有廢歇之時也。故神失道則傷民,民被傷則反毀之,毀之無神,非歇而何?谷者虛以待物者也,言谷無以盈自恃,若恃之則失流潤之道,致崩夷之憂,沖一不通,將恐有枯竭之隔,枯竭則繫於邦國,故洛枯而夏亡,河竭而商喪也。物有形質當任遷,言物無以生自恃,若恃之則失順從之道,致循逆生性,沖一散去,將恐有滅亡之期。王者貫三才(天、地、人)而爲主,統萬物而有之,當謙以自牧,寄託群才也,言侯王無以貴高自恃,若恃之則失清淨之化,百官失職,萬民不歸,致蹶(jué,同"蹶")敗之虞,顛仆之禍。自此已上,雖敘天地等事,會歸戒于侯王,侯王尚耳,況黎庶乎?

---

① 《陰陽書》:占卜類書籍,經唐代呂才刪定爲五十卷,后大多亡佚。

故貴以賤爲本，高以下爲基。

自此以下，結成其義也。夫貴者豈自貴哉，必由賤者所奉，然後貴耳，此以賤爲本也。高者豈自高哉，必緣下者所戴，然後高耳，此以下爲基也。

是以侯王自謂孤、寡、不穀，此其以賤爲本邪！非乎？

孤、寡、不穀三者，皆人之鄙惡，而侯王以爲稱者，謙以自牧，不矜其尊也，豈非以賤爲本邪？而云非乎，言實以賤爲本耳。

故致數譽無譽。

有道之君，忘名忘己，天下數譽而不加勸，天下數非而不加沮，惡識所以貴不貴哉？開元御本作"故致數輿無輿"，言就輿數則有輪轅（yuán，車前駕牲畜的兩根直木）箱（大車之箱）軸群材之名，無有名爲輿者，合之則輿矣。就國求之，則有士農工商萬民之號，無有名爲國者，合之則爲國矣。忽群材，輿何以成？棄萬民，國何以存？此重戒侯王令愛民也。

不欲琭琭如玉，落落如石。

琭琭（lù），玉貌。落落，石貌。言有道之君，不欲顯燿琭琭如玉，冥心韜光，落落如石。此能守沖一之道，爲天下正者也。古本作"若玉"、"若石",傅奕、徐鉉①取之。得一貴高,以賤爲本,自稱孤寡,反復謙下,故次之以反者道之動。

（以上第三十九章）

反者道之動。

反者,復也,變也。虛靜者,物之本;物之將生,先反復虛靜之原,及其變也,出虛靜而動之,是先反而後動。故曰《易·復卦》曰:"剛反動而順以行,是以出入無疾。"此之謂也。

弱者道之用。

既反虛靜爲道之動,則柔弱雌靜實道之用也。

天下之物生於有,有生於無。

有,一也。一者,元氣也。言天下萬物皆生於元氣,元氣屬有光而無象,雖有光景,出于虛無,虛無者道之體也。列子曰:"有形者生於無形,則天地安從生?"（語出《列子·天瑞》）又曰:"形動不生形而生影,聲動不生聲而生響,無動不生無而生有。"（語出《列子·黃帝》）是故物生於有,有生於無,

---

① 徐鉉:(916年—991年)字鼎臣,五代末宋初廣陵(今江蘇揚州)人。歷官五代吳校書郎、南唐知制誥、翰林學士、吏部尚書,後隨後主李煜歸宋,官至散騎常侍,世稱徐騎省。曾受詔與句中正等校定《說文解字》,世稱"大徐本"。

而萬物莫不獨化也。嚴君平曰："天地生於太和,太和生於虛冥。"(語出《老子指歸·得一篇》)是謂反復虛靜之原也。物之將動,先反乎虛靜之原,能虛靜動用者,其唯上士乎?故次之以上士聞道。

(以上第四十章)

上士聞道,勤而行之;中士聞道,若存若亡;下士聞道大笑之,不笑不足以爲道。

夫上士者,受性清靜,恬憺寂漠,虛無無爲,純粹而不雜,靜一而不變,聞乎道也,人觀其迹,真以爲勤行而實無勤行也,斯所謂天然縣解(天然之解脫)矣。中士者,受性中庸,世所不用也。則就藪(sǒu,湖澤)澤,處閑曠,吐故納新,熊經鳳騫(導引養生之法),養形保神而已。及乎爲世用也,則語大功,立大名,禮君臣,正上下,爲治而已,此之謂若存若亡也。下士者,受性濁辱,目欲視色,耳欲聽聲,口欲察味,志氣欲盈,聞其恬憺無爲則大笑而非之,若不爲下士所非笑,則不足以爲上道也。嚴君平曰:"鶉鷃高飛,終日馳騖,而志在乎蒿茅。鴻鵠大舉,經歷東西,而志在乎陂池。鸞(luán)鳳翶翔,萬仞之上,優遊太清(天空)之中,磨薄日月,高覽遠逝,棲息八極(八方極遠之地),乃得其宜。三者殊便,皆以爲娛。故無窮之源,萬尋之泉,乃神龍之所歸而小魚之所去也。高山大丘,深林巨壑,乃鴻鵠虎豹之所喜而雞狗之所惡也。是以損聰明,廢智慮,反真歸樸,遊於太素(天地),輕物傲世,淖(chuò,同"綽")然不汙,喜怒不嬰(通"纓",纏繞)於心,利害不棲於意,貴賤同域,抱德含和,大聖之所尚,乃上士之所務也,中士之所眩,乃下士之所大笑也。"(語出《老子指歸·上士聞道篇》)陸希聲曰:"形而上者之謂道,通乎形外者也。形而下者之謂器,正其形內者也。上士知微知著,通乎形外,故聞道而信則勤行之。中士在微著之際,處道器之間,聞道而疑信相半,故若存若亡。下士知著而不知微,止乎形內,故聞道則大笑之,不唯笑之,且將非之矣。夫道者,微妙冥通,深不可識,苟不為下士所非笑,則不足以為真精之道也。"(語出《道德真經傳》)

建言有之:

建,立也。將立道行之言,明三士所見之差、被笑之狀,謂下文也。

明道若昧,

明,晤也。悟道之人,含光不耀,舉措施為,有若暗昧,故中士疑其存亡、下士所大笑也。

進道若退,

上士穎達,不行而至,又況進乎。雖有聖功,進而不取,同塵接物,外若退敗。

夷道若纇，

夷，平也。纇(lèi)，絲之不勻者，乃織者之所棄也。夫上士襟懷，坦夷平一，與物無際，支離其德，若絲之有纇，不爲世用也。河上公本作"類"，言大道之人，坦蕩平夷，隨類參同，不自分別也。

上德若谷，

上德之人，無爲無事，心同虛空，高下莫測，有若深谷，無所不容。

大白若辱，

大白者，若雪霜之潔白而無所不到，雖瓦甓汙澗之處，施而無擇。有道之士，豈異于是，故處於濁世，純白獨全而不雜染也。

廣德若不足，

孫登[1]曰："其德深廣，則通踈見遠，遺略小節，智若不足。故良賈深藏若虛。君子盛德容貌若愚。"(語出《老子道德經注》)陸希聲曰："衣被天下而不有其仁，斯廣德若不足也。"(語出《道德真經傳》)

---

[1] 孫登：魏晉時期隱士，汲郡共(今河南輝縣)人，字公和，隱居蘇門山，曾與阮籍、嵇康交游。《隋書·經籍志》載其注《老子道德經》二卷。

建德若偷，

此言陰德密行也。夫建立陰德之人，不顯其功，畏人之知，故若偷竊耳。吳筠①《元綱論》曰："功欲陰，過欲陽，功陰則能全，過陽則易改。"（語出《玄綱論·立功改過章》）此之謂也。

質真若渝，

渝，變也，色不明也。質真者，純素之士，動無文章，如五色之渝淺，光華不發也。傅奕《音義》云："古本作輸。"《廣雅》②云："輸，愚也。"或本作"揄"，董遇③作"搖"，今依王弼、傅奕本作"渝"。

大方無隅，

《開元御注》曰："方，正也。隅，角也。"（語出《唐玄宗御製道德真經疏·上士聞道章》）夫砥礪名節，以作廉隅（端正品性），此謂束教之人，非曰大方之士。磨而不磷（磨後不變薄），在涅（niè，染黑）不淄（zī，古同"緇"，黑色），大方也。和光同塵，行不崖

---

① 吳筠：唐朝華州華陰（今陝西華陰縣）人，字貞節，一作正節。進士落第後入道門，著有《玄綱論》，又名《元綱論》。

② 《廣雅》：大致成書於三國魏明帝太和年間（227年—232年），是我國最早的一部百科詞典，共收字18150個，是仿照《爾雅》體裁編纂的一部訓詁學彙編。

③ 董遇：字季直，漢末魏國人，著名儒宗，並為《老子》作訓注。

異,無隅也。

大器晚成,

備物之用曰器。河上公曰:"大器之人,若九鼎瑚璉(宗廟祭祀禮器),非一朝而可成。"積習生常,美成在久也。

大音希聲,

河上公曰:"大音猶雷霆,待時而動,諭愛氣希言也。"(語出《老子河上公章句·同異》)雷霆尚耳,況至言乎?陸希聲曰:"以不言之教鼓動萬物,而不事小說,斯大音希聲也。"(語出《道德真經傳》)

大象無形,

河上公曰:"大法象之人,質樸無形容。"(語出《老子河上公章句·同異》)夫有大法象者,無象而不應,曰大象能應衆象者,不可以形定,故曰無形。

道隱無名,

道本無名,而強名曰道。今道又隱焉,而名何有?此真所謂滅迹匿端也。

天唯道善貸且成。

貸,施與也。夫,歎美獨有此妙道,能神鬼神帝、生天生地,善以沖和妙氣施與萬物,且成實而復於自然也。君平曰:"道之爲化也,始於無有,終於無終,存於不存,貸於不貸,動而萬物成,靜而天下遂也。"(語出《老子指歸·上士聞道篇》)陸希聲曰:"夫唯善濟貸於萬物而不責其報,是以萬物受其成而不知其德,故下士聞此道而笑之,不信其能若此耳。"(語出《道德真經傳》)上士勤行,建德道生,故次之以道生一。

(以上第四十一章)

道生一,一生二,二生三,三生萬物。

道者,虛之虛,無之無,自然之然也。混洞太無,冥寂淵通,不可名言者也。然而動出變化,則謂之渾淪。渾淪者一也。渾淪一氣,未相離散,必有神明潛兆於中。神明者二也。有神有明,則有分焉,是故清濁和三氣噫然而出,各有所歸,是以清氣爲天、濁氣爲地、和氣爲人,三才既具,萬物資生也。嚴君平曰:"虛之虛生無之無,無之無生無,無生有形,故諸有形皆屬於物類,物類有宗,類有所祖。天地,物之大者,而人次之。夫天人之生也,形因於氣,氣因於和,和因於神明,神明因於道,道之自然,萬物以存。故使天爲天者非天也,使人爲人者非人也。"(語出《老子指歸·道生一篇》)谷神子①曰:"夫道,自然變而生神,神動而成和,和

---

① 谷神子:唐人,曾注《老子指歸》,具體何人,學界觀點不一,宋代晁公武認爲是馮廓,蒙文通則認爲是裴鉶,余嘉錫考證谷神子即是鄭還古。

散而氣結，氣結而成形，故曰道生一，一生二，二生三，三生萬物也。"(語出《老子指歸·道生一篇》)河上公曰："道始所生者一，一生陰陽，陰陽生和清濁三氣，分爲天地人，天地人共生萬物，天施、地化、人長養之。"(語出《老子河上公章句·道化》)《開元御注》曰："道者虛極之神宗，一者沖和之精氣也。生者動出也，言道動出和氣以生物，然於應化之理猶未足，更生陽氣，積陽氣以就一，故曰一生二；純陽又不能生，更生陰氣，積陰氣以就二，故曰二生三；三生萬物者，陰陽交泰，沖氣化醇，則徧生庶彙(庶類、萬物)也。"(語出《唐玄宗御製道德真經疏·道生一章》)三家之說，大同小異，今備存之。

萬物負陰而抱陽，沖氣以爲和。

負，背也。抱，向也。動物則畏死而趣(通"趨"，趨向)生，植物則背寒而向暖，物之皮質，周包于外，皮質陰氣之所結，故曰負陰；骨髓充實于內，骨髓陽氣之所聚也，故曰抱陽；充和之氣運行于其間，所以成乎形精也。沖和之氣盛全，則形精不虧而生理王也。沖和之氣衰散，則形精相離而入于死地矣。故大人虛其靈府(精神之宅，即心)則純白(潔淨、純潔)來並，君子不動乎心，則浩然之氣可養。純白浩然者，沖氣之異名。沖氣柔弱，可以調和陰陽，故曰沖氣以爲和。

人之所惡，唯孤、寡、不穀，而王公以爲稱。

孤、寡、不穀者，柔弱謙卑之稱，乃流俗之所惡嫌，獨大人君子取以自謂者，乃所以有王公之貴耳，是法沖氣之爲和，損心志之強梁，而求益於道德也。

故物或損之而益、益之而損。

夫物有能減損情欲，不自矜伐，卑以自牧，如王公稱孤、寡、不穀之損，故有尊貴之益也。俗物則惟好盈滿，饕餮富貴，不知住止而危敗及之。《書》曰："滿招損，謙受益。"（語出《尚書·大禹謨》）夫物情之損，有道之益也。有道之益，物情之損也。

人之所教，亦我義教之。

世人所教，各立其我，義教之者，如諸子百氏自成一家之法，其旨善者，則歸乎聖人之教，其旨悖者，則變爲縱橫之學（純任口舌之辯），縱橫則陷於強暴而不得其死矣。

強梁者不得其死，吾將以爲教父。

柔弱屬陽，生之徒也；強梁屬陰，死之徒也。在上強梁，則失群下之心而覆亡無日，在下強梁，則爲衆之所加而顛躓（diānzhì。敗亡、傾覆）可待矣。不得其死，謂不得壽終也。老氏觀俗之失道，將以爲後世法，知謙損柔弱者必吉，貪暴強梁者必凶，書之垂誡，以爲教父。父，先也，本也。法一沖和,以謙受益,去我義之強梁,必守其至柔也,故次之以天下之至柔。

（以上第四十二章）

天下之至柔,馳騁天下之至堅。

至柔者水,至堅者金石。馳騁,奔競不息貌。水之流注如駿馬之奔競也。水以至柔爲用,而能貫穿金石,沉溺萬物,故曰馳騁天下之至堅也。

無有入於無間。

無有,道也。間,隙也。夫道,混然之氣,無有形質,故能包裹乾坤而無外,密襲秋毫而無內,與其有形,安得入其無間也。莊子曰:"金石不得無以鳴。"（語出《莊子·駢拇》）謂藏道氣也。君平曰:"有形銛（xiān,鋒利）利,不入無理,神明在身,出無間,入無窮,俯仰之頃,經數千里矣。"（語出《老子指歸·至柔篇》）

吾是以知無爲之有益。

吾,老氏自稱也。言虛無之道,柔弱無形而無所不通也。王弼曰:"無有不可窮,至柔不可折,以此推之,故知無爲之道有益於物也。"（語出《老子道德經注·第四十三章》）

不言之教,無爲之益,天下稀及之。

聖人觀天道之自然,而謹身節用,飭（chì,整飭）容儀以悟物,故不言而其教行。若乃有爲,則滯迹損物,既而無爲,則利益甚多。故知清靜簡易之道,誠南面之至術(爲政之術),天下稀及之也。經曰:"知我者稀,則我貴矣。"(《老子·第七十章》)文子曰:"皋陶喑(yīn,緘默)而爲大理①,天下無虐刑,有貴乎言耶?師曠瞽而爲大宰②,晉國無亂政,有貴乎見耶?不言之令,不視之見,聖人所以爲師也。"(語出《文子·精誠》)柔弱不競,在乎無爲,無爲之益,唯身是親,故次之以名與身孰親。

(以上第四十三章)

名與身孰親?

身爲實,名爲賓,捨實從賓,是謂倒置。《列子》曰:"實名貧,僞名富。曰實無名,名無實,名者僞而已矣。而悠悠者趨名不已,名固不可去,名固可賓耶?今有名則尊榮,亡名則卑辱,尊榮則逸樂,卑辱則憂苦,憂苦犯性也,逸樂順性也,斯實之所係矣。名胡可去?名胡可賓?但惡夫守名而累實,將恤危亡之不救,豈徒逸樂憂苦之間哉?"(語出《列子·楊朱》)鮑焦(周初隱士,廉潔自守,抱木而死)、子推③之徒守名累實者也。

---

① 大理:漢景帝時改廷尉爲大理,主掌司法。皋陶爲大理一説有年代錯誤。

② 大宰:即太宰,自周代設立太宰職位后屢有興廢,位重時居百官之首。

③ 子推:即介子推(?—公元前 636 年),一作介之推,春秋時期晉(今山西介休)人,晉文公重耳的輔臣,跟隨重耳出奔,歷盡艱辛,忠心輔佐重耳得以返國,介子推卻淡泊功名,歸隱鄉間。

身與貨孰多？

貨，資財也。凡在富貴而樂其資身之具，未有不貪財貨者。夫富者苦身疾作，積財而不得盡用，其爲形也亦外矣。貴者夜以繼日，思慮善否，其爲形也亦疏矣。雖有金玉滿室，而無仁惠之心者，空得竊名黷貨之譏，及至家亡身辱，所喪豈少哉？

得與亡孰病？

夫虛名浮利，得之乎輕羽，而性命形神，亡之若太山，達人校量，誰者是病？莊子曰："養志者忘形，養形者忘利，致道者忘心矣。"（語出《莊子·讓王》）

是故甚愛必大費，多藏必厚亡。

費，損也。夫甚愛名者，矯情僞行，致損神之患，豈謂小哉？多藏貨者，貪滿苟得，致滅身之禍，何嘗薄哉？

知足不辱，知止不殆，可以長久。

殆，危亡也。知足者不貪貨財也，不貪貨財，詎（豈、難道）有戮辱之患。莊子稱"孔子謂顔回曰：家貧居卑，胡不仕乎？對曰：不願仕。回有郭外之田五十畝，足以給飦（zhān，古同"饘"）粥（稠粥），郭内之田十畝，足以爲絲麻，鼓琴足以自娛，所學夫子之道足以自樂也。回不願仕。孔子愀（qiǎo，嚴肅）然變容曰：善哉！吾聞之，知足者不以利自累也，審自得者失之而不懼，行修於內者無位而不怍。丘誦之久矣，今於回而見之，是丘之得也。"（語出《莊子·讓王》）知止者，不貪名位也。不貪名位，終無危殆之憂。莊子曰："原憲①居魯，環堵之室（方丈之室），茨（cí，蘆葦、茅草所蓋屋頂）以生草，蓬戶（蓬草所編門戶）不完，桑以爲樞（門軸），而甕（wèng，同"甕"）牖（以破甕作窗戶）、二室（室分兩部分），褐以爲塞（以褐衣塞牖），上漏下濕，平坐而弦。子貢乘大馬，中紺（gàn，微帶紅的黑色）而表素，軒車不容巷，往見原憲。原憲華冠（以樺木皮爲冠）縱履（履無根），杖黎而應門。子貢曰：嘻，先生何病？原憲曰：無財謂之貧，學而不能行謂之病。今憲貧也，非病也。子貢逡（qūn）巡（有所顧慮而徘徊不前）而有愧色。原憲笑曰：夫希世而行，比周而友，學以爲人，教以爲己，仁義之慝，輿馬之飾，憲不忍爲也。"（語出《莊子·讓王》）若乃知足知止之士，固無戮辱危殆之憂，可以長久也。親身則知足，踈名則不辱，知足不辱，道成如缺，故次之以大成若缺。

（以上第四十四章）

大成若缺，其用不敝。

缺，破也。敝，困也，敗也。大成謂全德之君子也。夫德充於內者，故能包荒含薉（huì，同"穢"。指寬大包容），支離其形。若器之缺玷，罕見其用，故得保完全而無困敗之敝也。

---

① 原憲：（公元前515年—前？年），字子思，春秋時期宋國（今河南省商丘市）人。孔子弟子，孔門七十二賢之一。

又如大壑，酌之而不竭，明鑑應之而不蔽，故曰其用不敝。

大盈若沖，其用不窮。

沖，虛也。盛德大業者，謙沖而不驕，富貴滿堵者，虛儉而不奢，其所用也，常有羨餘（盈餘），豈能窮匱哉！

大直若屈。

大直謂隨物而直彼，含垢而不申，其直不在己，故若屈也。

大巧若拙。

大巧，謂因物性之自然而成器用，不造爲異端，故若拙也。《列子》曰："宋人有以玉爲楮（chǔ，葉似桑，皮可造紙）葉者，三年而成，亂之楮葉中而不可別也，遂以巧食宋國。列子聞之曰：使天地之生物，三年而成一葉，則物之有葉者寡矣，故聖人恃道化而不恃智巧。"（語出《列子·說符》）夫道化者可謂大巧矣，因物而成，不矜己能，故若拙也。

大辯若訥。

大辯，謂智無不周也。因物所言而言之，而無壅蔽，若恃已言辯則於物理有所不及矣。其於非法不說，非禮不言，而已無所造爲，故若訥也。

躁勝寒，靜勝熱。

躁，動也。言春夏陽氣發於地上，萬物因之以生，物極則反，故夏至則一陰生乎其中，氣動極則寒，寒則萬物以衰，明躁爲死本，盛爲衰原。喻功成不缺者必敗，持滿不沖者必傾，有爲剛躁者必死。君平曰："天地之動，一進一退，而萬物成遂，變化不可閉塞，屈伸不可障蔽，故陰之至也，地裂而冰凝，清風飂（liáo，風聲）厲，霜雪喦喦（yán，凜冽），魚鼈蟄伏，萬物宛拳，當此之時，處溫室，臨爐火，重狐貉，襲毳（cuì，鳥獸細毛）綿，猶不能禦也。及至定神安精，動體勞形，則是理泄汗流，捐衣出室，煖（nuǎn，同"暖"）有餘身矣。"（語出《老子指歸·大成若缺篇》）靜勝熱者，謂秋冬陽氣靜於寒泉之下，否極則泰，故冬至則一陽生乎其中，熱則和氣發生也。萬物因之以生，生託靜而起，故知靜爲生本，亦爲躁。嚴君平曰："陽之至也，煎沙爛石（喻旱熱之至），飛鳥絕，水蟲疾，萬物枯槁，江河消竭，當此之時，入沉清泉，出衣絺（chī，細葛布）綌（xì，同"綌"，粗葛布），遊燕高臺，服食寒石①，猶不能任也。及至解心釋意，託神清靜，形捐四海之外，遊志無有之內，心平氣和，涼有餘身矣。"（語出《老子指歸·大成若缺篇》）此言躁爲死本，靜爲生根者，以況君王躁強則拒敵飾非，犯物之性，

---

① 寒石：即寒食散，又稱五石散，流行於魏晉時期，由石鐘乳、紫石英、白石英、石硫磺、赤石脂五味石藥合成的一種散劑，服後身體燥熱，須以陰寒食物來抑其燥火。

以致家國凋敝，是謂躁強則寂然而寒薄，寒薄則衰滅矣。靜理則垂拱無爲，全物之真，以致社稷永安，是謂靜理則煦然而人和，人和則隆盛矣。

清靜爲天下正。

此結明前義也。夫至清者在濁而物莫能滑，至靜者處動而事莫能撓。且大成、大盈、大直、大巧、大辯，則有不敝、不窮、若屈、若缺、若訥以對之，惟清惟靜則可以持衆事而爲天下之中正也。莊子曰："抱神以靜，形將自正，必靜必清，無勞汝形，無搖汝精，乃可長生"也。（語出《莊子·在宥》）外缺內全，是爲有道，故次之以天下有道。

（以上第四十五章）

卷 七

天下有道卻走馬以糞。

卻,屏去也。糞,治田也。天下有道,言時泰也。時泰則萬民昌而宗廟顯,宇內安而諸侯賓,四海清夷,兵革寢息,人多務本,戶競農桑,屏去走馬之武功,而歸治田之常業也。故天心和洽、群物樂康也。

天下無道,戎馬生於郊。

郊,交也,二國相交之境也。天下無道,謂時否也。時否則百職廢而主上憂,帑藏虛而水旱數,郡縣盜起,強弱相陵,人皆失業,習尚戰爭,自然戎駭之馬生於郊境,故陰陽隔閉,庶類悽愴也。

罪莫大於可欲。

夫人有可尚欲愛之心,則非理貪求火馳不反,是故逐秋毫之微者,失太山之重,縱憍奢之情者,必荷校(xiào。以肩荷枷,指牢獄)之凶,爲罪之因莫重乎此。《列子》曰:"齊人有欲金者，清旦衣冠而之市，適鬻金者之所，因攫其金而去。吏捕得之，問曰：人皆在焉，子攫人之金，何故？對曰：取金之時不見人，徒見金。"（語出《列子·說符》）觀於濁水而迷於清淵也。

禍莫大於不知足。

禍，害也。夫可欲者於貪求之中尚有數耳。不知足者凡經歷於目而無一可捨，滿不知損，亡敗及之，故禍釁之發，莫大乎不知足也。

咎莫大於欲得。

咎，殃也。夫物之經目猶有限也，天下之物，見與不見，咸欲得之，使盡在己，而靡有孑遺者，此無道之甚也；豈唯禍及一身，抑亦殃咎來世。夫罪者言人違於禁令，初犯其非，名之為罪，道家《悔過經》曰："初犯為罪，亦名為過，過言誤也。犯過一千八十為禍，禍重於罪矣。犯過二千一百六十為咎，咎又重於禍矣。"此三者皆無道之所為也。小則害身，大則喪國，得不戒哉！

故知足之足常足矣。

夫外物雖足而心不知足者，是謂不知足也。外物不足而心常足者，是謂知足也。《高士傳》曰嚴君平與蜀郡富人羅沖相善，聞君平辟命不起，而問之曰："何不往仕？"君平曰："無能自發。"沖即爲備車馬衣糧僕從。君平曰："吾病耳,非不足也,我有餘而子不足,奈何以不足奉有餘?"沖曰："吾一席萬金,子無甔（dān）石（少量糧食）之資而曰有餘,謬矣。"君平曰："吾嘗宿於子之家,人定而役未息,晝夜汲汲（急切貌）,未有足時,今我以卜爲業,不下席而錢自至,餘錢尚有數萬,上塵厚寸,不知所用,我有餘而子不足乎!"沖退而嘆曰："益我貨者損我神,生我名者殺我身。"（義出《高士傳》）若乃知足之足,安有戎馬生於郊、禍咎之重大乎?道無不在,何必遠求,故次之以不出戶。

（以上第四十六章）

不出戶,知天下。

夫聖賢之爲治,必先身心以度之,自近而及遠也,不下廟堂而知四海之外者,因物以識物,因人以知人,當食而思天下之飢,當衣而思天下之寒,愛其親知天下之有耆老,憐其子知天下之有稚幼也。夫如是,又何出戶而知天下哉。

不窺牖,見天道。

夫人七尺之軀,四支九竅、五藏六府,賅而存焉。是以身之元氣與天道相通也。人君守形清靜,則天氣高明而自正,人君縱其多欲,則天氣昏暝而煩濁。人君者,與二儀（天地）同其德,日月參其明,先天而天弗違,後天而奉天時,不假窺牖瞻望,而天道自明矣。嚴君平曰："是以聖人不出戶，上原父母，下揆子孫，危寧利害反於己，故明於死生之說，察於是非之理，通於利害之原，達於治亂之本，以己知家，以家知彼，事得其綱，物得其紀，動知所之，靜知所守，道德爲父，神明爲母，清靜爲師，太和爲友，天下爲家，萬物爲體，眂彼如己，眂己如彼，心不敢生，志不敢舉，捐棄知故，絕滅三五，因而不作，巖居穴處，不殺群類，不食生草，未成不服，未終不采，天地人物，各保其有。"（語出《老子指歸·不出戶篇》）此所謂以一體之中，法天地萬物也。

其出彌遠，其知彌少。

失道之君，不能法天行道，而恃聰明察物，求之愈遠，知之愈尟（xiǎn，同"鮮"）。君平曰："稽之天地，驗之古今，動不相違，以知天地之道畢於我也。家者知人之根本也，身者知天地之淵泉也，觀天下不由身，觀人不由家，小近大遠，小知大迷，去家出戶，不見天下，去身窺牖，不知天道，其出愈遠，其知益少，周流四海，其迷益甚，求之益大，功名益小，不眂不聽，求之於己，天人之際，大道畢矣。"（語出《老子指歸·不出戶篇》）《記》曰：欲治天下先治其國，欲治其國先治其家，欲治其家先治其身，欲治其身先治其心，欲治其心先誠其意，故君子不誠無物。（義出《禮記·大學》《禮記·中庸》）皆反推於身心之謂也。

是以聖人不行而知,不見而名。

夫聖人不行天下,而察知人情者,以身觀身,以内知外,所謂獨悟也。不見天象而能名命天道者,原小以知大,明近以諭遠,所謂宾覽也。

不爲而成。

聖人無爲而化成天下,蓋明物性自然,因任而已矣。孔子曰:"無爲而治者,其舜也歟!"(語出《論語·衛靈公》)不行而知,不見而名,蓋因學悟,故次之以爲學日益。

(以上第四十七章)

爲學日益。

可道可名既彰,而崇德尚賢滋起,則爲學之士博覽多識日益,聞見遞相夸企,喪滅淳風而不自知也。

爲道日損。

夫道因爲學日益,既益即損,而知子守母、復初歸根也。復初歸根先去智,原乘要執本日損,云爲漸入虛妙也。

損之又損,以至於無爲,無爲而無不爲。

夫損之者,無麤(cū,同"粗")而不遣,遣之至乎忘惡,然後無細而不去,去之至乎忘善。惡者非也,善者是也,既損其非，又損其是，故曰損之又損，若乃是非都忘，欲利自泯，性與道合，以至無爲，已既無爲，不與物競，而任萬物之自爲也，自爲則無不爲矣。

取天下常以無事，及其有事，不足以取天下。

聖賢行道，先修身心，然後及乎天下。上言治身以無爲，此言治天下以無事，故聖賢之用心，常慮一物之失所，將欲救弊亂之要，在於取天下人之心，取天下人之心，當以無事爲術、無爲爲教、無欲爲寶，自然俗化清靜，民皆樂推而不猒也。若以有爲有事，政煩民勞，重足而立，側目而眂，則百姓望而畏之，何足以取天下人之心哉！既益反損，損至無心，故次之以聖人無常心。

（以上第四十八章）

聖人無常心，以百姓心爲心。

聖人體道虛心，物感斯應，感既不一，故應無常心。然百姓之心，常欲安其生而遂其性，聖人使人人得其所欲者，豈非以百姓心爲心乎？莊子曰："至人用心若鑑，不將不迎（隨其去來），應而不藏，故能勝物，而不傷。"（語出《莊子·應帝王》）此聖人無常心也。

善者吾善之，不善者吾亦善之，德善。

夫百姓有好善之心者，聖人不違其性，應之以善。其性本善者,聖人固以上善輔之,使必成其善。苟有不善之心,聖人亦以善待之,感上善之德而自遷其心爲善矣。則天下無有不善者,此乃聖人順物性爲化,終不役物使從己也。

信者吾信之,不信者吾亦信之,德信。

夫百姓有好信之誠者,聖人不奪其志,應之以信,其信確然者,聖人固以大信輔之,使必成其信。苟有不誠其信者,聖人亦以信待之,而不信者感大信之德而自發其誠爲信矣。則天下無有不信者,此乃聖人能任物情,非愛利之使爲也。

聖人在天下,惵惵爲天下渾其心。

惵惵,憂動貌,又不停也。渾者,無分別也。古之人君在天下也,雖治迹憂勤同乎民事,而心常虛澹,冥乎自然,故能體化合變,無往不可,磅礴萬物以爲一,而無物不然,爲天下之民渾其心而同其欲,順其性而同其化,孰弊弊焉勞神苦思,以事爲事,然後能乎?陸希聲曰:"聖人在天下,憘(xī,心熱貌)然應彼物感,未嘗少息,而其心渾然與天下爲一,未嘗自有所爲。故仲尼之所絕者有四,謂毋意、毋必、毋固、毋我。是以能無可無不可,無爲無不爲也。"(語出《道德真經傳》)河上公本作"怵怵",王弼本作"歙歙"(xī,無所偏執)。

百姓皆注其耳目,聖人皆孩之。

注,傾也,用也。聖人以無爲德化,不逆萬物之情,故百姓被其聖德而各遂其能。明者爲眠,聰者爲聽,皆傾注其耳目以傚聖人自然之法,而聖人冕旒(liú,帝王禮帽前後之玉串)垂目,黈纊(tǒukuàng,黃綿所制的小球,懸於冠冕之上,垂兩耳旁,以示不欲妄聽是非)塞耳,不勞身於聰明,不察物於幽隱,撫念蒼生,皆如赤子,故曰孩之。無常心則渾然應變,皆孩之則冥其生死,故次之以出生入死。

(以上第四十九章)

出生入死。

虛無生自然,自然生道,道生一氣,一氣變而有物,故謂之出生;生之極也,變而無形,故謂之入死;此乃有始有卒,未出乎域中者也,出乎域中者,生死曷嘗係哉!

生之徒十有三,死之徒十有三。

徒,類也。生之徒謂攝生者之類也,死之徒謂趣死者之類也。十有三者,韓非曰:"四支九竅十有三,動靜屬於生死焉。"(語出《韓非子·解老》)夫善攝生者,目不妄眠,耳不妄聽,鼻不妄嗅,口不妄言,手不妄持,足不妄履,動靜翛然,諸惡莫犯,此乃長生之徒也。趣死者,目亂於采色,耳耽於淫聲,鼻困於穢膻,口美於非道,手便於凶器,足捷於邪徑,動靜沒溺,諸吉無有,此乃近死之徒也。生死之原,皆係此十三事矣。孫登曰:"天地之物,有生之類,順理者寡,逆理者衆,故十分之中順理者三耳。夫生不以道,死不以理,順生者尟,逆死者多,故死之中順命者三耳。"(語出《老子道德經注》)或解云:三業十惡①,能制伏者長生之徒,放縱者近死之徒,以理推之,九竅四支所論最長。

人之生動之死地十有三。

夫人之生皆爲欲利所誘,唯貪厚味美服、好色音聲,以滋九竅四支,故舉動誙誙(kēng,趨死貌)然,如將不得已,陷之于死地往而不知者,未有不由十三事也。

夫何故?

問世俗舉動趣於死地之由。

以其生生之厚。

生生,猶進生也。夫忘生薄己則長生可冀,而進生厚己則近於死地。且進生必先之以外物,外物足可以安體樂性,以爲久生之具,然而忘身貪貨者,過求養生之物太厚,致其十三事滑亂而速千死地矣。

---

① 三業十惡:佛教所言十惡業,身業有三:殺生,盜竊,邪淫;語業有四:妄語,惡口(罵人),兩舌(挑是非),綺語(花言巧語);意業有三:貪心,嗔恨,愚癡。

蓋聞善攝生者，

不自言攝生而曰蓋聞者，謙之辭。攝，衛也，於衛生之中得其精微，故曰善攝生者。

陸行不遇兕虎，入軍不被甲兵，兕無所投其角，虎無所措其爪，兵無所容其刃。

不期而會曰遇。兕（sì，雌犀牛）出湘水之南，蒼黑色，形如野牛，一角，重千斤。夫善攝生之人，內得於身，故諸疾不生，外得於物，故諸惡莫犯，欲利都忘，自然與吉會也。器之害者莫甚於兵戈，獸之猛者莫甚乎虎兕。故兵戈在前而不懾，是無所容其鋒刃也。虎兕當道而不驚，是無所措其爪角也。故諸惡害其有情而不損無心也。

夫何故？

問何故諸惡不犯免死之由。

以其無死地。

夫至人內不縱其欲心，而外無害物之意，故能忘身而身存，以其無死地也。莊子曰："知道者必達於理，達理者必明於權，明權者不以物害己，至德者火弗能熱，水弗能溺，寒暑弗能害，禽獸弗能賊，非謂其薄之也。"（語出《莊子·秋水》）言察於安危、寧於禍福，謹於去就，莫之能害也。死則喪道，悟則道生，故次之以道生之。

（以上第五十章）

道生之，德畜之。

道者虛無之體，德者自然之用。道體虛無運，動而生物，物從道受氣，故曰生之。德用自然，包含而畜物，物自德養形，故曰畜之。

物形之，勢成之。

凡動植之類皆本道而生、因德而養，物質方具，故曰形之。物既形矣，則隨四時之勢而成之。

是以萬物莫不尊道而貴德。

夫道降純精而生物之性，德含和氣而養物之形，故萬物無不尊仰於道而貴重於德也。

道之尊，德之貴，夫莫之爵而常自然。

爵者，錫命也，公侯伯子男之例是也。世之所以尊貴者，皆因王者爵命故也。而道以純精生物，物共尊之若父，德以和氣養物，物共貴之若母。萬物咸被道德生成之功，而尊貴若父母者，又非假於爵命而常自然有所攝伏也。

故道生之畜之，長之育之，成之熟之，養之覆之。

上言道生德畜，此不言德者，以道無不貫而略其文也。

夫受其精之謂生，函其氣之謂畜，遂其形之謂長，字其材之謂育，輔其功之謂成，終其時之謂熟，保其和之謂養，護其傷之謂覆。此八者皆大道之元功，蛸（xiāo）翹（qiáo）蝡（rú，同"蠕"）動之物（泛指各種生物）得不尊之貴之乎？

生而不有，爲而不恃，長而不宰，是謂玄德。

此結上生畜等八義也。言道生萬物，若顯其有則收其仁矣。道養萬物，若恃其爲則居其功矣。長育羣材，成熟庶品，養覆動植，若矜其宰，則處其長矣。有是而退藏於密，可謂陰德深矣遠矣。道生德養，資物有始，故次之以天下有始。

（以上第五十一章）

天下有始，以爲天下母。既得其母，以知其子。

始，道也，本也，無名也。母，養也，有名也。夫道外包乾坤，内滿宇宙，萬物資之以生，由之以成，所以成者子也，所以生者母也。子者一也，一者沖氣，爲道之子。道爲真精之體，一爲妙物之用，既得道體，以知妙用，體用相須，會歸虛極也。

既知其子，復守其母，沒身不殆。

既知妙物之用，復守真精之體，體用冥一，應感不窮，然後可以無爲無不爲，故沒身不殆矣。

塞其兌，閉其門，終身不勤。

此明絕欲守母之行。兌，悅也，謂耳目悅聲色、鼻口悅香味，六根各有所悅。門以出入爲義。夫耳目諸根，乃色塵之所由也。若塞其愛悅之門，則禍患息而身不勤勞也。又解：兌，目也。緘無猒之目，則諸境自絕。門，口也。杜多言之口，則衆禍莫干。諸境絕則嗜欲之源塞，衆禍息則云爲之路閉。如是則恬憺安逸，終身不勤也。

開其兌，濟其事，終身不救。

若乃不守母道者，開愛悅之源而弗塞，則嗜欲之情長矣；通云爲之路而弗閉，則禍患之事濟矣。如是則憂苦危亡，終身不救也。

見小曰明，守柔曰彊。

此謂防於未萌，治於未亂也。禍亂未見曰小，昭然獨見爲明，若知塞兌閉門之術，是見於微小也。挫嗜欲之銳，解云爲之紛，守其柔弱也。守柔弱則物不能加，可謂彊矣。見微小則事不能昏，可謂明也矣。

用其光，復歸其明。

光者，智照也。智生外，外照而常動，動爲物之用。明者，慧解也。慧主內，內映而常靜，靜爲己之體。智照出則應事，反則歸理，是以用歸體，故曰復歸其明。此重釋見小守柔之義，使息外歸內也。

無遺身殃，是謂襲常。

遺，與也，貽也。若事理雙明，體用冥一，不役智外照而守慧內映，復嗜欲之未萌而歸子母之元，故無自與之殃，是謂密用常道也。有始而有卒，知子而守母，塞閉悅愛，其介然有知者乎？故次之以使我介然有知。

（以上第五十二章）

使我介然有知，行於大道，唯施是畏。

介，孤也，耿介也。嗟時不行古道，故曰若使我孤介之士，有知政事則行於大道也。大道者，無爲清靜、至公至直之道也。然而行道者必有所施爲，施爲簡易，則導民于清靜之域，施爲煩撓，則引民於貪濁，獨有所施爲是可畏，畏其不合於古道也。

大道甚夷，民甚好徑。

大道甚夷（平也），猶亨衢（hēngqú。四通八達之大道）也。亨衢平易，無往不達，以其大直，不患小迂，而世人欲速由於捷徑，是以崎嶇迷惑，不達所趣。故老氏（老子）病之，唯慎其所施之教令，畏其導民於衺（xié，同"邪"）路，謂下文也。

朝甚除，

朝，宮室也。除，修治也。

田甚蕪，

草長曰蕪（wú，雜亂）。

倉甚虛，服文采，

青赤爲文，色絲爲采。傅奕云："采乃是古文繡字。"（語出《老子音義》）

帶利劍，猒飲食，財貨有餘。

韓非作"資貨有餘"。夫入其國，其政教可知也：觀朝闕甚修除，牆宇甚雕峻，則知國君好土木之功，多遊嬉之娛矣。觀田野甚荒蕪，農事失耕治，則知國君好力役、奪民時矣。觀倉廩甚空虛，農夫多殍餓，則知國君好末作廢本業矣。觀衣服多文采、質喪而貴華，則知國君好淫巧、蠹（dù，損害）女工矣。觀佩帶皆利劍，剛強而競鬬，則知國君好武勇、生國患矣。觀飲食常猒飫（yù。飲食飽足）烹肥而擊鮮，則知國君好醉飽、忘民事矣。觀資貨常有餘，務多藏珍異，則知國君好聚歛、困民財矣。仲尼曰："百姓不足，君孰與足。"（語出《論語·顏淵》）若聚歛無已，民力殫竭，非聖人之道也。

是謂盜夸,非道也哉!

上之七事,皆用權術非理而陰取民也。故曰盜。既爲盜矣,猶自夸大,故曰盜夸而非道也。所謂唯施是畏,其在茲乎?知道而善行者,其德不可傾教,故次之以善建不拔。

(以上第五十三章)

善建者不拔。

建,立也。善以道立身植國者,先固其根本,而後營其標枝,故根深枝茂則不可傾拔也。

善抱者不脫。

脫,失也,解離也。善以道懷抱民者,百姓歸附而不脫離,善以道抱元守一者,精神完全而不脫失。

子孫祭祀不輟。

輟,止也。善以道建國抱民者,則子孫繁昌、享祚長久,世世祭祀無輟止時也。

修之身其德乃真,修之家其德乃餘,修之鄉其德乃長,修之國其德乃豐,修之天下其德乃普。

此五者,近修諸身而遠及天下也。夫修道於身者,心閑性惔(dàn,淡泊),愛氣養神,少私寡欲,益壽延年,乃爲真人矣。修道於家者,父慈子孝,兄友弟順,夫信妻賢,九族和睦,慶流來世矣。修道於鄉者，尊老撫幼，教誨愚鄙，百姓和集，上下信向，其德久長矣。修道於國者，體樂自興，百官稱職，禍亂不生，萬寶豐熟，則物充實矣。修道於天下者，不言而化，不教而治，平易無爲，和一大通，比屋可封（上古之世教化遍及四海，家家都有德行，堪受旌表），化被異域而德施周普矣。

故以身觀身，以家觀家，以鄉觀鄉，以國觀國，以天下觀天下。

觀者，照察也。以先聖治身之道反觀身心，若吾身心能體於道，則其德乃真矣。以先聖治家之道反觀吾家人，若吾家人能睦於親，則其國有餘矣。以先聖治鄉之道反觀吾鄉黨，若吾鄉黨能信於友，則其德乃長矣。以先聖治國之道反觀吾國民，若吾國民能遂其生，則其德乃豐矣。以先聖治天下之道反觀吾天下之民，若吾天下之民能無欲無知，則其德乃普矣。

吾何以知天下之然哉？以此。

老氏言我奚以知天下之民向道者昌、背道者亡之然哉？答曰：我以上所陳五事，反觀照察，是以知之也。經曰："不出戶，知天下。"（《老子·第四十七章》）《易》曰："觀我生，觀民也。"（語出《易·觀卦》）其是之謂乎。善以道立身植國，德及天下，其含德之厚歟！故次之以含德之厚。

（以上第五十四章）

卷　　八

含德之厚，比於赤子。

含，懷也。夫至人純粹、懷德深厚，情復於性，憺怕無欲，狀貌兀然（昏然無知），比於赤子。赤子者，取其純和之至也。

毒蟲不螫，猛獸不據，攫鳥不搏。

毒蟲，蜂蠆（chài，蠍子）之類，以尾端肆毒（以毒刺螫人）曰螫。猛獸，虎豹之類，以爪拏（ná，搏鬥）按曰據。攫（jué，兇猛）鳥，鵰鶚（è，魚鷹）之類，以羽距擊觸曰搏。夫至人神矣，嗒然喪偶，如赤子之無心，故神全而物莫能傷也。嚴君平曰："夫赤子之爲物也，知而未發，通而未達，能而未動，巧而若拙，生而若死，新而若弊，爲於不爲，與道周密，生不生之生，身不身之身，用無用之用，聞無聞之聞，無爲無事，無意無心，不求道德，不積精神，既不思慮，又無障載，神氣不依，聰明無識，柔弱虛靜，魂魄無事，樂無樂之樂，安無欲之欲，生不枉神，死不柔志，故能被道含德，與天地同，故蜂蠆

蟲蛇無心施其毒螫，攫鳥猛獸無意加其據搏也。"（語出《老子指歸·含德之厚篇》）

骨弱筋柔而握固。

明赤子之全和，喻至人之純德。赤子未知喜怒而拳握至堅者，其真性專一故也。

未知牝牡之合而朘作，精之至。

朘（zuī，同"脧"，男孩生殖器）者，赤子之命源也。赤子情欲未萌、陽德自動者，真精之氣運行之所至也。以況至人虛心無情，氣運自動，而諸欲莫干也。"朘作"古本爲"全作"。王弼曰："作，長也。無物以損其身，故能全長也。"（語出《老子道德經注·第五十五章》）《上清洞真品》曰："人之生也，禀天地之氣，爲神爲形，受元一之氣，爲液爲精，天氣減耗，神將散矣；地氣減耗，形將病矣；元氣減耗，命將竭矣。故帝一迴元之道，泝（sù，同"溯"）流百脉，上補泥丸（道教語，腦神別名），腦實則神全，神全則形全。形全者百關調於內，邪氣亡於外，髓凝爲骨，腸化爲筋，純粹不雜，長生可致矣。"

終日號而不嗄，和之至。

號，啼也。啼極無聲曰嗄（shà，聲音嘶啞），又聲嘶也。赤子終日嗥啼而嗌（yì，咽喉）不嘶散者，天和之氣至全也。故真人之息以踵，其嗌不哇（喊叫），和氣全也。

知和曰常,知常曰明。

赤子以和全真,至人知和爲貴,故用之爲常道,知常不變,守之自明,此含德之厚者也。杜光庭曰:"五常備具曰和,夫人於身和則德充而合真,於國和則化周而祚永,處衆和則合禮,行師和則有功,和之爲義大矣哉!"(語出《道德真經廣聖義‧含德之厚章》)此知和、知常而全德自明也。

益生曰祥,心使氣曰彊。

祥者,吉凶之兆。夫一受成形,素分已定,非理益之,必致凶祥。莊子曰:"常因自然而不益生也。"(語出《莊子‧德充符》)夫心有是非而氣無分別,故任氣則柔弱,使心則彊梁(强勁有力),又志能動氣、氣能動志,以心任氣,氣盛心彊。莊子曰:"無聽之以心,而聽之以氣。"(語出《莊子‧人間世》)是心使氣也。益生、使氣,失道者也。

物壯則老,是謂不道,不道早已。

物之壯也,必至枯老。心之彊也,必至兇暴。且道以柔弱爲用,今以彊壯爲心者,謂之不道。老氏故戒之云:不道之行,無如早止。已,止也,死也。言不行道者,早死也已。德厚靜默,了悟忘言,故次之以知者不言。

(以上第五十五章)

知者不言，言者不知。

夫知道者以心而不以辯，貴行而不貴言，談道者以辯而不以心，喪道而不喪說。嚴君平曰："五味在口，五音在耳，如甘非甘，如苦非苦，如商非商，如羽非羽，而易牙、師曠有以別之，其所以別之者，口不能言也，音味尚爾，況妙道乎？"（語出《老子指歸·知者不言章》）莊子曰："智北遊首音三問無爲謂①而不答，非不答也，不知答也。"（語出《莊子·知北遊》）意與此合。《西昇經》云："道自然，行者能得，聞者能言，知者不言，言者不知，所以言者，以音相聞，是以故談，以言相然。不知道者，以言相煩，不聞不言，不知所由然。譬如知音者識音以絃，心知其音，口不能傳。道深微妙，知者不言，識音聲悲，抑音內惟，心令口言，言者不知。"（語出《西昇經·西升章》）此在能行能言者也。

塞其兌，閉其門。

此與第五十二章文同而旨異。彼則約道清靜，以塞嗜欲愛悅之端，此則宗道無言，故興損聰棄明之說。夫道無形，不可以目眂，不可以口傳，故心困焉不能知，口辟焉不能議，此至人所以不待收視緘口而自然塞兌閉門也。

---

① 三問無爲謂：《莊子·知北游》記載：知北游於玄水之上，登隱弅之丘，而適遭無爲謂焉。知謂無爲謂曰："予欲有問乎若：何思何慮則知道？何處何服則安道？何從何道則得道？"三問而無爲謂不答也，非不答，不知答也。

挫其銳，解其紛，和其光，同其塵。

此已出第四章，彼則就道以論功，此則據人以明行，至人與天同心而無知，與道同身而無體，則進銳紛亂之心於何而有，光塵分別之意於何而生哉？

是謂玄同。

夫至人之遊處也，顯則與萬物共其本，晦則與虛無混其根，故語默隨時而不殊，卮言日出而應變，是謂玄同也。

故不可得而親，不可得而疎，不可得而利，不可得而害，不可得而貴，不可得而賤，故爲天下貴。

上交於道而不諂，舉世譽之而不勸，故不可得而親。下交於器而不瀆（輕慢），舉世非之而不沮，故不可得而疎。澹泊無欲、守分知足，不可得而利誘也。處卑不辱，在醜不爭，不可得而陷害也。爵祿不能汙，權勢不能動，何得而貴寵哉？失志不屈，居貧愈安，何得而賤鄙哉？至人行此六者，不榮通（不以通達爲榮），不醜窮（不以貧窮爲恥），無天怨人非，無物累鬼責（外物拖累、鬼神責罰），故爲天下貴。不言自治而治物以政，故次之以政治國。

（以上第五十六章）

以政治國，以奇用兵，以無事取天下。

以，用也。政者，政教也。有爲之君，用政教爲治者，民雖不濫而凋弊日深，迹用既彰，安能長久也。霸王之君，以奇謀用兵者，國雖不傾而禍亂日積，怨望既多，安能永固也。夫有道之君，將欲取天下之心，爲可大可久之業者，莫若無事。故第四十八章云："取天下常以無事，及其有事不足以取天下。"此老氏垂教治天下太平之法也。"政"，河上公本作"正"。

吾何以知其然哉？以此。

老氏自設問答，言我何以知天人之意如是哉？以今時所見可以言之。謂下文也。

天下多忌諱而民彌貧。

忌諱，禁令也。夫君不能無爲而以政教治國，禁網繁密，民慮其抵犯無所措手足，避諱不暇，弗敢云爲，舉動失業，日至貧窮。

人多利器，國家滋昏。

利器，權謀也。君不能安靜而以智變爲務，上下欺詒（yí，欺詐），則民多權謀，偷安其生，包藏禍心，日至昏亂。

人多伎巧，奇物滋起。

伎巧，工伎巧妙也。君不能無事而以機械爲好，志在奢淫，則民尚雕琢，服玩金玉，奇恠異物，日益滋生。古本作"民多智慧，邪事滋起。"

法令滋彰，盜賊多有。

法令，刑教也。君不能無欲而以刑法作威，民雖苟免其罪，然而不足則姦宄生，小則盜鈎，大則竊國也。河上公本作"法物滋彰"。

故聖人云：

老氏不敢自專其言，故舉聖人云，或謂老氏爲周柱下史，遍觀上世遺書、三墳（三皇之書，泛指上古古書）古文，故舉以證之。

我無爲而民自化，我無事而民自富，我好靜而民自正，我無欲而民自樸。

我者，治世之君自稱也。言我無爲，承天無所改作，民遂其生，其俗自化也。我無事騷擾，節用儉嗇，民厚其業，其家自富也。我安靜不言，憺怕自守，民挹（yì，謙抑）天和，其俗純正也。我無欲沖虛，去華崇本，民無夸企，其性自樸也。苟有爲有欲而望致民於富壽之域，吾未見其可也。莊子曰："天地有大美而不言，四時有明法而不議，萬物有成理而不說。聖人者原天地之美，達萬物之理，是故至人無爲，大聖不作，觀於天地之謂也。"（語出《莊子·知北遊》）河上公本又有"我無情而民自清"，注曰："修道守真，絕去六情，民自隨我而清也。"（語出《老子河上公章句·淳風》）治國化民莫若無事，無事則其政寬裕，故次之以其政悶悶。

（以上第五十七章）

其政悶悶，其民淳淳。

《開元御疏》曰："悶悶，無心寬裕也。淳淳，質樸敦厚也。言無爲之君，政教寬大，任物自成，政無苛暴，故其俗淳樸，安於清靜而日益敦厚也。"古本作"偆偆"，王弼本作"惇惇"。

其政察察，其民缺缺。

《開元御疏》曰："察察，有爲嚴急也。缺缺，凋弊離散也。"（語出《唐玄宗御製道德真經疏·以政治國章》）言有爲之君，其政峻急，以法繩人，法令滋彰，盜賊多有，故人凋弊而離散，動觸禁網，畏而避之，由是風化日益殘缺也。

禍兮福所倚，福兮禍所伏，孰知其極。

倚，因也。伏，藏也。夫悶悶之政，世謂之能而民淳淳然實樂之。察察之政，世謂之能而民缺缺然實憂之。夫世之所謂禍者，莫不畏之，畏則戒慎而福生其中矣。世之所謂福者，莫不喜之，喜則憍矜（jiāojīn。驕傲自大）而禍藏其間矣。禍福相因，莫知其窮極也。故天地有休否，日月有盈虧，此倚伏之數也。夫禍藏福中，有福而憍矜則禍至；福隱禍內，有禍而戒慎則福來，此世之必然也。故有道之君，守之以清靜，任之以自然，不利貨財，不近貴富，不樂壽，不哀夭，不榮通，不醜窮，如是則禍福倚伏於何而有哉？

其無正邪！

禍福倚伏，豈無正邪！在乎有道之君無爲無事，忘形忘物而後正耳。若有心爲正，其正必復爲奇，有心爲善，其善必復爲妖矣。

正復爲奇，善復爲妖。

夫百姓之心，其心不一，有道之君，用心若鑑，不將不迎，應而不藏，故能勝物而不傷也。若以正正其不正，其正也不正，則奇謀譎詐生，故曰爲奇，以善善其不善，其善也不善，則妖祥狂妄興，故曰爲妖。若任物之自正自善，則禍福無緣而相倚伏也。

民之迷其日固久。

薄俗不能自正自善，而乃矯真爲正，逆性爲善，而反爲奇爲妖，迷惑不悟，其所由來固已久矣。《西昇經》曰："爲正無處，正自歸之。不受於邪，邪氣自去。所謂爲道，自然助之。"（語出《西升經‧善爲章》）

是以聖人方而不割。

有道之君,方正其身,俾物自悟,不以己之方正斷割(砍截切割)於物,使物從之而失其性也。

廉而不穢。

廉,清;穢,濁也。有道之君,率性清廉,使物自化,不以己之潔揚彼之汙,但使物知勸而洗除穢濁耳。古本作"劌"(guì,割開),傷也。言聖人廉以自清而不刑物使傷也。

直而不肆。

肆,申也。有道之君,禀氣耿直,自任不曲,而不以己之直意申肆激拂於物,亦猶大直若屈也。

光而不耀。

光謂明慧也。有道之君,明慧鑒照,復能葆蔽隱晦,不以己之強智爓(yuè,照耀)耀於物,使之殂喪也。自此以上,皆悶悶之政(寬樸之政),非察察之治(嚴苛之治)也。政寬則民福,治嚴則民禍,福禍倚伏,由人由天,故次之以治人事天。

(以上第五十八章)

治人事天,莫若嗇。

嗇,愛也。世俗則耗神,多求奢侈而不足,聖人則愛神,省費儉嗇而有餘,故治人者無事無爲,清靜簡易,省費民財,使倉廩實而知禮節,然後葆精愛神,蠲(juān,除去)潔祭祀,粢盛(zīchéng。祭祀穀物)豐備,人神皆和,故曰莫若嗇。

夫唯嗇,是謂早服。

省費而不奢侈,儉嗇而愛精神,是能服從於道也。聖人於禍福未兆之前,常服從於道,是謂早服也。古本作"早復"。

早服謂之重積德。

夫節儉民財,愛嗇精神,以奉上帝,是一德也。又能早服從於道,使人悅神和,故曰重積德。

重積德則無不克。

夫重積德之士,可以臨御百姓,四方嚮慕,無有不克伏者也。

無不克則莫知其極。

無不克伏則萬物歸化,道德無窮,故莫知其極。

莫知其極,可以有國。

夫道德無窮者,必能後其身而身先,外其身而身存,天下樂推而不猒,可以爲有土之君矣。昔庚桑子居羽山(山名,傳說中舜殺鯀處)之顛(山巔)三年,俗無疵癘(cīlì。災害)而仍穀熟，其俗竊相謂曰："庚桑子之始來，吾灑然異之，今吾日計之不足，歲計之有餘，其或聖者邪！盍相與尸而祝之①、社而稷之乎？"（語出《庚桑子·全道》、《莊子·庚桑楚》）此所謂道德莫極，可以有國也。

有國之母，可以長久。

有國之母謂重積德也，德可以茂養百姓，百姓豐厚，則社稷福祚可以長久矣。

是謂深根固蒂長生久視之道。

根，本也。蒂，花趺（fū，足）也。夫藝（種植）果木者，根深則蒂固，雖有大風亦不能拔其根本、落其花實，故根深則枝葉榮茂，蒂固則花實不落，可謂長久矣。積德之君，其治人事天，厚國養民者，植根於無爲，固蒂於清靜，社稷延遠，故謂之長生，臨御常照，故謂之久視。杜光庭曰："修道之士，嗇神安體，積氣全和，內固三關（即尾閭、夾脊、玉枕三關）而祛萬慮，百神率服，衆行周圓，變化莫窮，享年長久，固蒂於混元之域，深根於無何之鄉，與九老七元（耳、目、鼻、口七竅的元氣）差肩接武（肩並肩、足相連）矣。"（語出《唐玄宗御製道德真經疏·治人事天章》）古本作"固柢"，本也。事天積德，可以有國，故次之以治大國。

---

① 尸而祝之：古人祭祀祖先多設立"尸"以作爲祖先的代表接受祭祀，"尸"一般由身份地位合適的人擔任，此處概指祭祀之意。

(以上第五十九章)

治大國若烹小鮮。

夫治萬乘之國,若烹膚寸之鮮,調其水火使其自熟則全;若撓之則魚傷,魚傷則糜爛矣。善治民者,和其政教,使之自得則安,若擾之則民傷,民傷則潰亂矣。

以道莅天下,其鬼不神。

聖人以無爲清靜之道臨莅天下,沖和之氣徧于區宇(天下),在谷滿谷,在坑滿坑,故風雨時若,水旱不作,人心自然,不求妄福也。雖有鬼神,不敢見其神變矣。《西昇經》曰:"所謂爲道,自然助之。不善於祠,鬼自避之。"(語出《西升經·善爲章》)此之謂也。神者,靈變也。

非其鬼不神,其神不傷民。

非其鬼無神變而歇滅也,是由人不作釁(xìn,古同"釁"。製造事端),則祆祥何緣而興;人守常德,則神變無因而傷民;此理之自然也。

非其神不傷民,聖人亦不傷民。

其鬼非無神變而不傷民,蓋聖人無爲清靜,則鬼神感其明德而自處其陰靈(魂靈)也。列子之言聖治也,不施不惠而物自足,不聚不歛而己無愆(qiān,過失),陰陽常調,日月常明,四時常若,風雨常均,字育常時,天穀常豐,土無札傷(災害),人無夭惡,物無疵癘,鬼無靈響(靈應)焉。

夫兩不相傷,故德交歸焉。

兩者謂聖人與神也。河上公曰:"夫兩不相傷,人得治於陽,鬼得治於陰,人得全其性命,鬼得保其精神,故德交歸焉。"(語出《老子河上公章句·居位》)又君能存神,神能福君,故曰德交歸焉。杜光庭曰:"民爲邦本,本固則邦寧,人爲神主,主安則神享,聖人以道爲治,既不傷人,鬼神感聖人之功,亦不害物,兩者相悅,二德交歸。"(語出《道德真經廣聖義·治大國章》)大國交歸,以靜安小,故次之以大國者下流。

(以上第六十章)

大國者下流,天下之交。

江海所以能爲百谷王者,以其善下之,大國所以能爲諸國帝者,以其謙下之,故天下士民之所交會也。

天下之交牝,牝常以靜勝牡,以靜爲下。

疊上文以生下義。夫天下之所交牝者,以其大國善守雌牝柔靜之德,故能攝伏天下雄壯之國,使其歸己,蓋以至靜謙下不貪之所致也。

故大國以下小國則取小國。

大國居於大而忘其大，故無小而不攝，在上而謙下，不以威武爲用，故鄰國柔服，咸爲臣妾，是能取小國之歡心也。嚴君平曰："明王聖主之處大國也，施而不以置，下而不以求，地裹諸侯之國而無所不畏，德包諸侯之力而無所不事，折節下之以附人意，忠廉誠信以先士吏，割地以招賢俊，耕織以裒（póu，聚集）畜積，結縱連橫以戒不虞，發倉散財，養老恤孤，振窮達困，顯巖穴之士（隱士）受而不取，授而不予，柔弱簡易，無爲而處，諸侯雖有貪鄙殘賊驕矜恃力者，猶以威德之重，靜而下之，則彼修身慎行、改過自新、割地獻寶、縣命殺身，請爲子弟之國、蕃牆之臣也。"（語出《老子指歸‧大國篇》）

小國以下大國則取大國。

小國居於小而忘其小，故無大而不統，處下而恭謹，不以慢傲爲事，故鄰國撫恤皆欲援助，是能取大國之威權也。孟子曰："惟仁者爲能以大事小，故湯事葛伯（夏朝葛國國君）、文王事昆夷（殷周時西北少數民族），惟智者爲能以小事大，故太王事獯鬻（xūnyù，又稱獫狁。西北少數民族）、句踐事吳。以大事小者，樂天者也。以小事大者，畏天者也。樂天者保天下，畏天者保其國。《詩》曰：'畏天之威，于時保之。'"（語出《孟子‧梁惠王下》）此《周頌》美成王畏天之威能安其太平也。嚴君平曰："其處小弱也。因道而動，循德也無，行以舟輿，實以甲兵,忠順誠素,尚樸貴耕,上下和集,親如父子,君如腹心,民如形體,專一同和,可與俱死。大國之君,雖負衆強,上權右勢,左德下仁,心如飢虎,怒如湧泉者,猶以爲得天之心,獲民之意,將相誠信,鄰人之助,發原泉之敵,揚不測之威,辱身厚體,謁誠縣命,欵欵(kuǎn,同"款",誠懇)惓惓(quán,忠謹),事以清靜,則彼神感精喻,心釋意壞,怒移禍徙,與我爲諾也。"(語出《老子指歸・大國篇》)

故或下以取,或下而取。

或者不定之辭。以取者謂上以取下,抑損謙卑以得人之歡心也。而取者謂下而取上,順奉廉慎而得事其威權也。斯乃互以義相取之也。

大國不過欲兼畜人,

夫大國之君,崇謙卑,尊禮法,修身以下小國者,豈有越分貪欲之心,兼並畜聚小國之人哉?但執謙尊之義以爲常道也。

小國不過欲入事人。

夫小國之君,存忠順,遵制度,修身而下大國者,非有過分貪欲之心,泛入矯事於大國之人哉?惟持自全之志,而守其常德也。

兩者各得其所欲,故大者宜爲下。

兩者,謂大國小國也。夫小大止足,各當其分,互有所持,不相侵擾,所謂安其居、樂其俗,鄰國相望,雞犬之音相聞,民至老死不相往來。然而小國柔服,禮之常也;大國謙下,誠亦曲全宜爲下者,勸勵之深,使可大可久,而兢兢業業所以致天下之交也。大國謙下,蘊道之奧,故次之以道者萬物之奧。

(以上第六十一章)

道者萬物之奧。

奧,藏也,曖也,蘊也。夫道包括無外,萬物資始,最深最奧,爲庶品之根本,無有逃其術者。《西昇經》曰:"道深甚奧,虛無之淵。"(語出《西升經·道深章》)言道爲萬類之淵藪,無物不蘊藏也,以至圓蓋(喻天)之高,方輿(喻地)之厚,日月之廣照,動植之細繁,皆禀道之所育,曖(ài)然(繁茂貌)無不賴其庇陰矣。

善人之寶,不善人之所保。

善人謂上士也。上士聞道,勤而行之,鍊質資神,超遙(高遠)輕舉(飛升、登仙),固守妙本,以爲長久之寶也。不善人謂下士也,下士聞道而大笑之,及其迕道悖德,履凶踐禍,思欲返復元吉,復仰道之所保庇也。

美言可以市，尊行可以加人。

此釋不善人之所保也。言之甘美則無往而不可，雖市井之機心，亦混然而同得矣。豈得與信言不美、淡乎無味同論哉！行之自尊，則無適而不勝，雖逆旅小子亦知其醜惡矣，豈得與夷道若纇(lèi，瑕疵)、大白若辱(rǔ，黑)爲此哉！此舉無言無行之夫，尚假甘美之言，自尊之行可以奪衆貨之賈，升稠(chóu)人(衆人)之上，又況有道者乎！

人之不善，何棄之有？

夫不善之人，矯妄之士，猶假美言尊行可以悅衆，知道之可以保倚也，由此省之，人豈長爲不善耶？但恐化之不至，又何遺棄之有哉？

故立天子，置三公。

夫天以其道付人君，令化不善之人。人君恐化未備，更置三公以佐之。杜光庭曰："四海之大，萬有之富，厥初生人，不可無主，故立天子以牧之，尊事上帝，父天母地，謂之天子也。一人不可以廣治，置百官以臨之，百官之長有三公焉。《尚書‧周官》曰：'其惟三公論道經邦。'"（語出《道德真經廣聖義‧道者萬有之奧章》）三公謂太尉、司徒、司空，主佐天子治陰陽、親萬民、廣教化，此其職也。

雖有拱璧以先駟馬，不如坐進此道。

杜光庭曰："兩手相合曰拱。璧者瑞玉也。拱璧，璧之大者也。駟馬者，馬四匹爲乘，共駕一車也。古者諸侯朝於天王、會於大國、聘於小國，或遇於野，兩君相見，皆有贄(zhì，見面禮)幣之禮，以先貨幣爲導，謂之爲先。今三公當以論道爲務，經邦爲事，雖欲以駟馬大璧獻之於君，亦臣之分也。徒有益於淫奢，無裨(bì，無益)於治政，不若進之以無爲清靜之道以化天下，使不善者從善，不悛(quān，悔過)者悛心，道化周行，帝德遐被，何用璧馬爲？"(語出《道德真經廣聖義·道者萬有之奧章》)夫務學之士尚輕尺璧而重寸陰，況有道之君乎？

古之所以貴此道者何也？

此道無爲清靜之道也，發問古之貴此道者何謂也？

不曰求以得、有罪以免邪？故爲天下貴。

夫道之微，始悟於身心之內，卒明於宇宙之外，妙則入於無間，舒則塞乎太空，體之則善于一身，用之則濟于天下，雖不曰求以得而不可不求也，不求而得自得也，自得則安用三公哉？故不曰求以得，此乃有求有得也。有求有得，則古之常道也。明乎常道者，豈有罪累邪？設若偶失道而偶有罪者，在乎改過遷善，復此無爲清靜之道，亦可免戮辱之責也。古本作"不曰求以得"。嚴君平本作"不求而自得"。得道之奧妙者，施爲而無爲，故次之以爲無爲。

（以上第六十二章）

爲無爲，事無事，味無味。

至人爲無所爲，任物之自爲，物自爲則無爲而無不爲，然至人之心曷嘗動哉？事無所事，從物務之自事，物自事則無事而不事，然至人之身曷嘗勞哉？味無所味，隨物氣之自味，物自味則無味而不味，然至人之口曷嘗嗜哉？若夫心不動則虛明，虛明則衆妙可觀，身不勞則實厚，實厚則精神不虧，口不嗜則恬漠，恬漠則靈液（唾液，道教以爲唾液可以灌溉臟腑，潤澤肢體）不竭矣。又解：味無味者，不味是非美惡之言，而味大道無味之言。經曰："道之出口，淡乎其無味"（《老子·第三十五章》）也。

大小多少，報怨以德。

人之云爲，有大有小，世之造事，有多有少，云爲造事，皆損其天性而失乎自然，損天性則怨生，失自然則惡起。既怨且惡，禍亂之階也。唯至人無爲無事無味，能灰心槁骸，雖有有爲之怨，咸以無心至德報之。或問報怨以德，設有德者又何以爲報乎？曰：世之爲事，大小多少，怨怒恩德，以其無心至德報之一也。陸希聲曰："夫體道之士妙淵通，應世之爲而本無爲，應物之事而本無事，應物無味而本無味，其體雖大而樸甚小，其用雖多而要妙甚少，故術在於澹泊清靜，不爲萬物所撓耳。夫唯如此則無欲，無欲則無私,恩者私之所畜,怨者恩之所萌,唯聖人能無私欲,無私欲故無私恩,無私恩故無私怨。衆人則不然,以其有私欲故有恩怨,然天下有怨者,聖人以德德之。人之不善者,聖人以善善之。故民用和睦,上下無怨,此之謂也。仲尼曰:'行滿天下無怨惡。'聖人豈有怨於物乎"(語出《道德真經傳》)

圖難於其易,爲大於其細。

難易大細,即上之大小多少也。夫是非美惡怨怒恩德皆生於微漸,無不始於易而終成難,初於細而後成大,使圖度其始易之時,則於終無難矣,營爲於初細之日,則於後無大矣。若乃謀於已難,爲於已大,則怨怒深而禍亂積,將欲釋難解紛,不亦難乎?

天下難事必作於易,天下大事必作於細。

夫艱難之事,必起於容易,當於容易之時圖之。重大之事,必興於微細,當於微細之時去之。事類實繁,不可具舉,故以天下總言之也。嚴君平曰:"大難之將生,猶風邪之中人也。未然之時,慎之不來,在於皮毛,湯熨去之,入於分理,微鍼(zhēn,同"針")取之,在於藏府,百藥除之,入於骨髓,天地不能變,造化不能治。故曰天下難事必作於易。夫大事之將興也,猶水之出於山也,始於潤濕,見於漣滴,綿綿涓涓,流爲谿谷也。"(語出《老子指歸·爲無爲章》)

是以聖人終不爲大，故能成其大。

上言失道之人，好爲難大之事，故多敗喪。此引聖人終不爲大者，慎微之至也。聖人不爲難大之事，而無爲無事，易簡易知，故能成其可大可久之業也。嚴君平曰："聖人之建功名也，微故能顯，幽故能明，小故能大，隱故能彰，志在萬民之下，故爲君王。"（語出《老子指歸・爲無爲章》）

夫輕諾必寡信，多易必多難。

夫不三思而後言，輕易其許諾者，事衆而信不可然也。不謀始而慎終，多易其行者，難積而變不可推也。可不慎歟！

是以聖人猶難之，故終無難。

夫以聖人之才之德，尚難於細易之事，況無聖人之才德而欲忽之乎？是以世俗多患累而聖人終無難也。嚴君平曰："聖人心默而不動，口默而不言，目默而不視，耳默而不聽，動如天地，靜如鬼神，不爲而成，不言而行，進則無敵，退則不窮，身無纖（xiān）介（細微）之憂，國無毫髮之患也。"（語出《老子指歸・爲無爲章》）無爲之安，必由簡易，故次之以其安易持。

（以上第六十三章）

卷　　九

其安易持，其未兆易謀，其脆易破，其微易散。

　　夫家國安靜，易爲維持；及將傾危，則難守禦。衰心未兆，易謀消滅；惡狀已形，難圖泯絕。孽芽柔脆，易爲破除；枝榦既成，難乎掊(pǒu)擊(打擊)。悔吝幾微，憂虞易散；凶咎已彰，其災莫逭(huàn,逃避)。古本作"其脆易判"。或作"泮"(pàn,分離)。

爲之於未有，

　　爲謂脩除也。夫家國未傾危，衰心未萌兆，若預爲之防，則未然之禍曷由而有。

治之於未亂。

　　治者，救也。夫孽芽未成，凶咎未著，若救治在先，無巨惡之害矣。嚴君平曰："未疾之人易爲醫，未危之國易爲謀，萌芽之患易事也，小弱之禍易憂也，何以效之？曰：任車未虧，僮子行之，及其傾覆也，顛高墮谷，千人不能安；卵之未掊也,一指摩之,及其爲飛鴻也,奮翼凌雲,矰繳(zēngjiǎo,即矰繳。獵取飛鳥的射具)不能連也。胎之新乳也,一繩制之,及其爲虎也,執羣獸,食牛馬,劍戟不能難,羅網不能禁也。故漣滴之流而成江海,小蛇不死化爲神龍,積微之善以至吉祥,小惡不止乃至滅亡。"(語出《老子指歸・其安易持章》)

合抱之木生於毫末,九層之臺起於累土,千里之行始於足下。

此三者喻不見幾慎微以致後患也。患不預防,惡不漸杜,其猶植木乎。初生於毫末,可拔而絕之,及其合抱也,本據乎陰崖,梢侵於陽嶺,青青百尋(一尋八尺,形容極高),鬱蔽日月,惡可伐哉!此明自性而生也。又如築臺起土於一畚(běn,盛土器具),可蹴而圮(yí,跨越)之,及其九層也,聳百仞之高,擬丘陵之大,惡可毀哉!此明積習而成也。又如遠行之人,始於跬步,可旋踵而返,及其千里也,長川渺瀰(mí,遠),峻嶺巇嶮(xīxiǎn。艱險、險峻)、途隘而可畏,路僻而多岐,惡可還哉!此明遠行不止也。《易》曰:"履霜堅冰至。"(語出《易・坤卦》)此之謂也。"九層"古本作"九成"。

爲者敗之,執者失之。

夫有爲於分外,則廢敗自然,有爲於欲利,則廢敗精神。然而執有好名,患至身失,執勇好敵,禍來國失,良由不能爲之於未有,治之於未亂也。

是以聖人無爲故無敗,無執故無失。

夫事之所敗,敗於有爲,不爲何敗之有?意之所失,失於有執,不執何失之有?是以聖人措意不在乎小成,而常以虛靜恬淡寂寞無爲爲心,自然無爲無執無敗無失。莊子曰:"南海之帝爲儵(shū,同"倏",極快),北海之帝爲忽,中央之帝爲渾沌。儵與忽時相與遇於渾沌之地,渾沌待之甚善,儵與忽謀報渾沌之德,曰:人皆有七竅以視聽食息,此獨無有,嘗試鑿之,日鑿一竅,七日而渾沌死。"(語出《莊子·應帝王》)此爲者敗之之證也。

民之從事,常於幾成而敗之。

幾,近也。言世俗之人,雖從務於善事,皆有始而無卒,先動而後惰,功業近成不能戒慎,乃復亡敗也。

慎終如始,則無敗事。

此重申戒勸也。夫世俗若能慎末如初,則所爲無不成矣。《詩》曰:"靡不有初,鮮克有終。"(語出《詩經·大雅·蕩》)

是以聖人欲不欲,不貴難得之貨。

難得之貨謂金玉珠犀也。世俗以不欲爲憂,聖人以不欲爲樂,聖人貴清靖節儉,世俗貴貪獨奢侈,是以世俗所不欲者，乃聖人之所欲，故視金玉如遺土也。

學不學，復衆人之所過。

世俗損天真以務外學，而失分內之真性，聖人守自然而不學，保分內之天和，然世俗以不學爲過，聖人以不學爲真學，故曰復衆人之所過也。

以輔萬物之自然而不敢爲。

人生而靜，天之性也。聖人以不欲不學爲教者，以佐萬物之自然，使各遂其性而不敢造爲異端，恐失其大本也。持之無敗者，審其未兆未亂之微，無失宗法，輔物自然，古之善道也，故次之以古之善爲道者。

（以上第六十四章）

古之善爲道者，非以明民，將以愚之。

古之善爲道治身化民者，自脩胷中之誠，使道洽於物而治名不彰，物任其能而親譽莫間也。不欲明其教令，使物欣欣怿怿而智詐萌生，將以導斯民於質朴而復自然也。此說古之有道以勸于今也。

民之難治，以其智多。

民之多智，則姦宄生焉。雖有法令而無所畏，故曰難治也。莊子曰："上誠好智在而無道，則天下大亂矣。何以知其然耶？夫弓弩畢（捕獸所用之網）弋（射鳥所用之箭）機變之智多則鳥亂於上矣，鈎餌網罟（gǔ，漁網）罾（zēng，古代方形漁網）笱（gǒu，竹製捕魚器）之智多則魚亂於水矣，削格（裝有機關的捕獸木籠）羅落（截捕禽獸的用具）罝罘（jūfú。捕獸網）之智多則獸亂於澤矣，智詐漸毒頡滑堅白解垢同異之變多則俗惑於辯矣，故天下每子大亂，罪在於好智。"（語出《莊子·胠篋》）

故以智治國國之賊。

夫人君任用智詐之臣治國者，必以權謀蠹政爲事，政民擾亂，是國之賊也。經曰："智慧出，有大僞。"（《老子·第十八章》）又曰："其政察察，其民缺缺"（《老子·第五十八章》）也。

不以智治國國之福。

夫人君任用淳德之士治國者，則必以無爲簡易爲事，致民安靜，是國之福也。經曰："我無爲而民自化，我無事而民自富。"（《老子·第五十七章》）又曰："其政悶悶，其民淳淳。"（《老子·第五十八章》）杜光庭曰："君猶表也，表正則影端，表邪則影曲，正則人隨而正，邪則人從而邪，邪正淳漓（chúnlí。淳厚與澆薄），匪由他也，用智謀之臣則權令興，用忠厚之士則風教淳，人化淳和，國乃豐泰，此爲福也。"（語出《道德真經廣聖義卷·古之善爲道章》）

知此兩者亦楷式。

兩者謂用智與不用智也。夫用智者，害政蠹民，爲國之賊,以致亡身喪家,是以爲不用智者楷模法式也。夫不用智者,德政澤民,爲國之福,以致榮鄉顯族,是亦爲用智者之楷模法式也。古本作"稽式"。稽,考也,謂考古法式。

常知楷式,是謂玄德。

玄,深也,冥也。人君當知福可任而賊可去,致黔首(百姓)於富壽,是有深冥之德也。

玄德深矣遠矣,與物反矣,然後乃至大順。

夫聖人之玄德,深不可知,遠不可窺,然觀其迹似與物違戾,究其理則與民同歸,然後入於自然之境而無所不然者,謂之大順矣。嚴君平曰:"愚智之識,無所不克,清天寧地,爲類陰福,衆世莫見,故曰玄德,深矣不可量測,遠矣不可窮極,與物反矣,莫之能克。"列子曰:"堯治天下十五年,不知天下治歟?不治歟?不知億兆之願戴已歟?不願戴已歟?顧問左右,左右不知;問外朝,外朝不知;問在野,在野不知。堯乃微服游於康衢(四通八達的大路),聞兒童謠曰:'立我蒸民,莫匪爾極,不識不知,順帝之則。'堯喜問曰:'疇教爾爲此言?'兒童曰:'我聞之大夫。'問大夫曰:'古詩也。'堯還宮,召舜,因禪以天下。"(語出《老子指歸·善爲道章》)舜不辭而受之。此謂玄德深遠乃至大順也。善爲道者,不逆於寡,德量深遠,如水朝宗,故次之以江海爲百谷王。

(以上第六十五章)

江海所以能爲百谷王者，以其善下之，故能爲百谷王。

《開元御疏》曰："江海所以能令百川朝宗而爲王者，以其善居下流之所致也。《易》云：'地道變盈而流謙。'地道用謙則百川委輸而歸往，聖人用謙則庶人子來而不厭。"（語出《唐玄宗御製道德真經疏·江海章》）嚴君平曰："江海之王也，非積德累仁加恩惠以懷之也，又非崇禮廣遜飾知巧以悅之也，又非出奇行變起權立勢奮武揚威以制之也，清靜處下，虛以待之，無爲無求而百川自爲來也。百川非聞江海之美，被其德化而歸慕之也，又非拘禁束教有介導而趨之也。然所以貫金觸石鑽崖潰山赴江海而無還者，形偶性合，事物自然也。由此觀之，卑損之爲道也大矣，百害不能傷，智力不能取，不戰而強，不威而武，默然無爲，與萬物市，譬夫谿谷爲卑，故能達而不窮，江海處下，故能王而不休也。"（語出《老子指歸·江海章》）

是以聖人欲上人，以其言下之。

聖人謂能體江海之下流者，將欲處人之上，必先以其言下人者，知滿必招損，故言則謙柔，名則孤寡，而盛德日崇，大業彌固，自然爲物所推舉於上矣。

欲先人以其身後之。

將欲首出庶物，必須身謙言巽（xùn，古同"遜"，謙讓恭順）、退在人後者，蓋謹身順道，不以先物，故能爲物所推讓於先矣。

是以處上而人不重,處前而人不害。

聖人臨大寶之位,居至極之尊,勞一身而逸萬民,薄眇躬而厚庶物,民皆忻(xīn,同"欣")戴,猶以爲輕,處物之前,民得以治,故人皆悅隨,安有所害哉?

是以天下樂推而不厭。

夫有道之君,羣生就之如日、望之如雲,推崇爲主而無厭倦,以其謙僞之德所致也。

以其不爭,故天下莫能與之爭。

謙德化下,下皆化而爲謙退也。故聖人常以虛爲身,以無爲心,心形既空,物孰與爭。陸希聲曰:"天道虧盈而益謙,地道變盈而流謙,鬼神害盈而福謙,人道惡盈而好謙。謙之爲德,卑以自牧,故江海以謙爲德而爲百谷所歸往,聖人以謙爲德而爲天下所先上。夫聖人豈欲先上哉?天下樂推而不厭耳。"(語出《道德真經傳》)江海居下流,聖王處謙卑,俗尚強梁,以雌靜爲不月,故次之以天下皆謂我道大,似不肖。

(以上第六十六章)

天下皆謂我道大,似不肖。

肖,似也。老氏曰:天下之人皆言我道虛無廣大,光而不耀,盛德若愚,無所象似,猶如不賢也。

夫唯大,故似不肖。若肖,久矣其細也夫。

夫獨我道虛無廣大,不爲下士所信,故以不賢也。若賢而使人稱美之,不待于今亦以久矣。若爲人所稱美,其道豈足爲大邪?莊子云:老子謂士成綺(隱士)曰:"夫巧智神聖之人,吾自以爲脫焉。"(語出《莊子·天道》)此乃老氏不以賢美爲貴久矣。傳所謂寗(níng,同"寧")武子"其智可及,其愚不可及也"(語出《論語·公冶長》)近之矣。

我有三寶,保而持之。

雖我道虛無無所象似,然有三行可以保倚執持,實爲脩身治國之至寶,謂下文也。古本作"持而寶之"。言世人若遵守三行以爲珍寶,執持不捨,何所不適。河上公本作"持而保之"。

一曰慈,二曰儉,三曰不敢爲天下先。

《開元御疏》曰:"夫體仁愽(bó,古同"博",博爱)施,愛育羣生,慈也;節用厚人,不耗於物,儉也;不爲事始,和而不唱,不敢爲天下先也。"(語出《唐玄宗御製道德真經疏·天下皆謂章》)

夫慈故能勇,儉故能廣,不敢爲天下先故能成器長。

聖人以慈爲行,勇於濟物,仁者必有勇,不懼之謂也。

儉約其用者，必能廣於賑施，所謂節用而愛人也。不敢先於天下，則必能成器用之長。《易》曰："見羣龍無首，吉。"（語出《易·乾卦》）此所謂大道似不肖也。李約曰："自下行成而昇高業就，故得爲天下君長也。"（語出《道德真經新注》）

今捨其慈且勇，捨其儉且廣，捨其後且先，死矣。

今世俗則不然，所謂肖者，則與道反矣。皆棄捨慈仁，將爲勇義，負氣輕死以？物，則過涉滅頂（語出《易·大過卦》，指涉難滅頂之災）之凶矣。不能愛嗇節用，復爲奢泰，貪求廣費，斂掠不足，必致傷財害民，則反招匱乏之患矣。既而飾智以驚愚，脩身以明汙，好處物先，恥居人後，進無謙退之心，動有剛強之志，縱而不止，則犯上作亂矣。此三行皆非大道久長之術，乃致喪家亡身，故曰死矣。

夫慈以戰則勝，以守則固。

夫三寶之中，慈最爲貴，故偏嘆美也。夫主將用慈，則撫養士卒可無敵於天下矣。且慈兵入於敵境，不踐果稼，不穴丘墓，不殘積聚，不焚室屋，則人人悅之，若孝子之見慈親。歸降者若強弩之射深谷也。如是則何必陳兵野戰而後勝，重門擊柝（tuò。語出《易·繫辭下》，指設置重門，擊柝（木梆）巡夜，謂警戒森嚴）以爲固哉？

天將救之，以慈衛之。

夫天道福善禍淫，善人則自天祐之，吉無不利。經曰："天道無親，常與善人。"（《老子·第十七章》）所以天將救助之者，以其主將能用慈仁衛護士卒人民也。道大似乎不賢，慈儉誠如不武，故次之以善爲士者不武。

（以上第六十七章）

善爲士者不武。

士，將士也。夫善爲將士者，體慈仁，用德義，誅暴亂，振困苦，而不以威武淩孤弱也。

善戰者不怒。

夫善臨戰陣者，雖有甲兵，不得已而用之。苟在應敵，非樂殺人也，以悲哀泣之，喪禮處之，豈憑怒而好戰哉。

善勝敵者不爭。

夫善勝者，在德不在爭，師克以和，和則善勝，不以利動，因勢而取也。如魯仲連①之吟嘯，熊宜僚之弄丸，善勝者也。

————————

① 魯仲連：（約公元前 305 年—前 245 年），戰國時代齊國茌平人（今山東省茌平縣），爲遊說名士。

善用人者爲之下。

善用人者,以謙不以力,悅以使民,民忘其勞。故用輔弼之臣,則比之股肱心膂(lǚ。喻親信輔佐),用將帥之臣,則跪而受鉞(yuè。古代大將出征,接受天子所授的符節與斧鉞),行而推轂(gǔ。推車前進,古代帝王任命將帥時的隆重禮遇),先之以德而後用其力者也。

是謂不爭之德,是謂用人之力,是謂配天,古之極也。

夫善爲士、善戰、善勝、善用人者,常柔弱不爭,謙以自牧,物竭其能,人盡其用,豈非不爭之德、用人之力乎?彼唱如此,我和如彼,猶天之無恩而大恩生,不言而四時行,可以配天而代天治物,是古道之極致者也。不爭之德,法在用兵,故次之以用兵有言。

(以上第六十八章)

用兵有言:

老氏痛當世用兵以好戰爲本,故舉古之軍志以明申誡。

吾不敢爲主而爲客,不敢進寸而退尺。

兵以先舉爲主,後應爲客。聖人之兵,不得已而用之,故應敵而後起,所以常爲客也。進少而退多者,是沈機密用重敵之意也。雖有敵至,我則善師而不陣,自無征伐矣。

又用師之法，爲主者以起戎爲謀，爲客者以應敵是務，進雖少漸近於殺，退雖多轉近於生，故不敢爲主而爲客，不敢進寸而退尺，猶勇於敢則殺，勇於不敢則活也。

是謂行無行，攘無臂，仍無敵，執無兵。

夫行師在乎止敵，貴乎不爭，雖止敵不行殺心也。既無殺心，即我之師徒抱義以守，故行無行也。又將奮臂先登則若無臂可奮，以其惡殺而尚慈也。夫有道之君，縱有凶暴之寇，妄動而來，我則告之以文德，示之以義兵，彼必聞義而退，自然無敵，雖有仍引之威，而無敵可引，故曰仍無敵。敵既遠退，干戈戢（jí，聚藏）藏，雖有執持之儀，而無兵可執，故曰執無兵。

禍莫大於輕敵，輕敵則幾喪吾寶。

幾，近也。寶者，身與位也。輕敵謂好戰於外，無備於內也。好戰於外猶有勝有負，無備於內則必至滅亡。夫聖人在上，誠無敵於天下，然以其時有理亂言之，則敵亦衆矣。何者？《書》曰：「撫我則后，虐我則讎。」（語出《尚書‧泰誓》）若然者，則天下一國，亦吾敵也，一鄉一家，亦吾敵也。故王者不遺小臣，即得萬國之歡心矣；公侯不侮鰥寡，即得百姓之歡心矣；志士不忘脩身，即神悅而天樂矣；然後可以全吾所寶耳。云幾喪吾寶者何哉？我本慈愛，不樂殺人，不得已而至於無敵，非吾志也。既非本志，則爲喪矣。所亡未大，故曰幾喪。

故抗兵相加，哀者勝矣。

抗，舉也。夫兩國舉兵相加也。哀者，慈愛發於衷誠之謂，則由其君之有道也。若夫上存慈愛之心，不失使臣之禮，下輸忠良之節，盡得事君之義，則何向而不勝哉！兵戒輕敵，其言易知，故次之以吾言甚易知。

（以上第六十九章）

吾言甚易知、甚易行。

經曰："爲無爲，事無事。"（《老子·第六十三章》）又曰："不出戶，知天下；不窺牖，見天道。"（《老子·第四十七章》）又曰："行不言之教。"（《老子·第二章》）並是無爲分內簡易之道，言則不繁，行則不勞，是易知易行也。

天下莫能知，莫能行。

莫能知者，下士也。下士欲惡滑涽（hūn，紛亂不定），但見邊徼，多惑於有爲，好攻乎異端，不能除垢止念、靜心守一。至於虛無之道，黮闇（dǎnàn。蒙昧）而不知，茫然而莫行也。

言有宗，事有君。

此釋易知易行所由也。宗，本也。君，主也。夫百家之言,言雖殊途而同歸於理,得理者忘言,故言以不言爲宗本矣。萬緒之事,事雖異趣而同會於功,成功而遺事,故事以無事爲君主矣。此以不言無事爲教,豈不易知易行邪？嚴君平曰:"夫聖人之言,宗於自然,祖於神明,常處其反,在言默之間,甚微以妙,歸於自然,明若無見,聰若無聞,通而似塞,達而似窮,其事始於自然,流於神明,常處其和,在爲否之間,清靜柔弱,動作纖微,簡易退損,歸於無爲。"(語出《老子指歸·言甚易知章》)

夫唯無知,是以不我知。

夫獨無知之下士,好矣句(改易文句)遊心於堅白同異之間(語出《莊子·駢拇》,"纍瓦結繩矣句,游心于堅白同異之間"),聞吾忘言道事之旨,忽去不信而大笑之,是所以不知我之道大而謂似不肖也。嚴君平曰:"夫世之莫我知者,非我之道小而不足知,又非我之事薄而不足爲也,又非世之好敗惡成喜禍樂患而不我從也。天性與我反,情欲與我殊,智者蹈於情欲,終世溺於所聞,神氣不我安而心意不我然也。"(語出《老子指歸·言甚易知章》)

知我者稀,則我貴矣。

夫至道之言,有宗有君,惟明者知之,故稀少踈闊矣。得是道者,萬物尊之,故曰則我貴矣。開元御本作"則我者貴"。言法則我者貴矣。嚴君平曰:"故其明不我見,其聰不我聞,是以深言反而受謗,大行遠而得毀,獨見之明,不用於世,獨聞之聰,見羞於民,事順神明者,不合於俗,功配天地者,不悅於衆。"(語出《老子指歸·言甚易知章》)

是以聖人被褐懷玉。

褐,裘也,賤者之服。玉,潔潤而比君子之德。夫聖人內蘊道德,喻懷玉也。外無文采,喻被褐也。是以內雖昭曠(開朗豁達),外若愚昏,珠藏蚌胎,玉蘊石間,天下莫能知,則我道貴矣。凡闇妄知,聖人藏知,故次之以知不知。

(以上第七十章)

知不知,上;不知知,病。

夫聖人禀氣純粹,天性高明,內懷真知,萬事自悟,雖能通知而不以知自矜,是德之上也。中下之士,受氣昏濁,屬性剛強,內多機智,而事夸大,實不知道而強辯,飾說以爲知之,是德之病也。莊子曰:"不知深矣,知之淺矣,弗知內矣,知之外矣。"(語出《莊子·知北遊》)此亦所謂知者不言、言者不知也。

夫唯病病,是以不病。

聖人真知妙本,洞達杳冥,是以六通四闢(pì。指上下四方和春秋四時),上下無常,悗(mèn)然(無心之貌)無心,釋然無累,而又常患世俗妄執強知之病,動入死地,往而不返者,良可歎息。此明聖人慈心，獨能病患，世俗有此強知之病，其於聖德，何病之有！則是真知不病，而強知病矣。

聖人不病，以其病病，是以不病。

夫聖人者能知無，知達道之機，損聰棄智，實無世病，慈仁哀憫，能病衆生之病者，以其自無病也。使其有病，又安能病衆生之病哉？莊子曰："人莫鑑於流水，而鑑於止水，唯止能止衆止，受命於地，唯松柏獨也正，冬夏青青，受命於天，唯舜獨也正，幸能正生，以正衆生。"（語出《莊子·德充符》）此先能正己，然後能正羣生，猶聖人不病，以其病病也。強知失道，觸冒致災，災數至而民不畏，故次之以民不畏威。

（以上第七十一章）

民不畏威，則大威至矣。

夫世俗不畏天威國威，則大威至矣，大威謂死兆也。君子畏天命、畏大人、畏聖人之言，夫人立身，以畏爲本，若以小惡爲無傷而不畏，積之盈貫，以致乎大威至而不可逃也。嚴君平曰："大威已至，乃始爲善，當是之時，道德不能救，天地不能解，非天之罪也。樂高安大，負威任勢，忘憂失畏，不求於己。故憂於身者，不恐於人，畏於己者，不制於彼，慎於小者，不懼於大，誠於近者，不悔於遠。"（語出《老子指歸·民不畏威章》）

無狎其所居，

古本作"狎"，習也。所居，謂所處也。言畏慎之人，凡居處當擇善鄰，無習惡友，清淨自守，卑退自持，災禍莫干，形全神王，斯畏慎之深也。開元御本作"狹"者，謂寬其所居之處，不可強梁自處，在乎和光容衆，不忤(wǔ，逆)於物也。舊說曰神所居者心也，人當忘情去欲，寬柔其懷，使靈府(精神之宅，心也)閑豫，神棲於心，身乃存也。

無猒其所生。

猒，惡也。道所生形，故曰所生。夫人不可猒惡其道，當服勤尊仰，畏道畏天，則可永保元吉。若縱其欲，猒道慢德，禍不旋踵矣。舊說身所生者神也，人由神而生，所生謂神也。神明託虛好靜，人能洗心息慮，神自歸之。若嗜欲黷神，營爲滑性，則神氣散越而生亡，故勸令無猒所生之神，以存長久之道也。

夫唯不猒，是以不猒。

夫獨畏道畏天之士，惟精惟一，造次必於是，顛沛必於是(語出《論語·里仁》)，安有猒惡怠惰之心。是以天道密祐，降之百祥，是故交相保愛而不猒惡也。《開元御疏》曰："惟精惟一者，《尚書·大禹謨》舜命禹踐位之詞也。曰：人心惟危，道心惟微，危則難安，微則難明，惟精惟一，可以允執厥中也。"

是以聖人自知不自見。

夫聖人先存諸己,而後存諸人。省己心原,自知善惡,澡雪(以雪洗身)滌除,使塵垢不入其舍,是之謂自知也。既而體道淵默,晝夜勤行,不賈(jiǎ)衒(出售)才能,爚(yuè)亂(眩惑擾亂)於物,恐其違理失當,同乎不畏威者也。

自愛不自貴。

聖人葆愛其身,知身乃大道之所生,不縱嗜好,猒惡怠惰,傷於至理,虧損形神,是之謂自愛。若乃貪厚味,美服好色,音聲肆情,性之所安,耳目之所娛,自貴而賤物,是狎其所居而不能清靜自守,豈畏慎於細微者也。

故去彼取此。

若去彼自見自貴之憍縱,取此自知自愛之畏威,得尊道奉天之理,天道不猒惡於人,是故威罰外消,生道內足也。不爲爲惡,務於勇殺,故次之以勇於敢則殺。

(以上第七十二章)

卷　　十

勇於敢則殺，勇於不敢則活。

剛決爲勇，必果爲敢。夫剛毅之人，無所畏忌，見威不懼，必果無迴，恃其兇頑，便施誅戮，故曰勇於敢則殺。夫懷道之士，謹於去就，檢身知退，靜順柔和，弗敢有爲，不忍殺傷，故曰勇於不敢則活。

知此兩者，或利或害，天之所惡，孰知其故，是以聖人猶難之。

兩者謂敢與不敢，殺與活也。天地之大德曰生，聖人以慈爲實而不樂殺人也。死者人倫之荼毒，含生之類皆惡之。勇於果敢者殺之道也，勇於慈仁者活之道也。若以此義守而不變，是未明天地殺生之權也。今曰或利或害者，是於殺活有所未定邪？夫人爲不善於顯明之處，人得而誅之，爲不善於幽閑之所，鬼得而殺之，此雖大聖之慈、天道之仁，不能憫救也。若乃宥而赦之，必有反報之禍。夫有可以殺而殺之者，有可以活而活之者，有可以殺而不可殺者,有可以活而不可活者,有活之而爲禍者,有殺之而爲福者,何邪？然天之所惡,而人孰知其故。若非體真造化,安知禍福之端、利害之元,雖有聖人之明,猶難於勇敢之事,況非聖人而敢私心殺活哉？故猶難之也。嚴君平曰："凡此二功,勇敵敢均,計策外馳,射身相非,與天異意,與地異心,奮情舒志,各肆所安,或以千乘變爲亡虜,或以匹夫轉爲君王,故物或生之而爲福,或生之而爲禍,或殺之而爲福,或殺之而爲賊,二者深微,莫能窮測也。"(語出《老子指歸·勇敢章》)

天之道,不爭而善勝。

夫天道自然平施,不逆萬物而萬物自專之,豈與人校其敢與不敢、殺與活哉？然而人自服從者,不與物爭而能善勝者也,所謂勝物而不傷,非由勇敢也。

不言而善應。

天何言哉！四時行焉,百物生焉,福善禍淫之應,信不差矣。

不召而自來。

天道高遠,又無言教,何嘗呼召萬物,而萬物皆背陰嚮陽,春生秋實者,陰陽生殺之正令也。

默然而善謀。

開元御本、河上公本並作"繟（chǎn，坦然）然"。嚴君平今作"默"，王弼本作"坦"。夫天道寂默無情，至公不二，行吉者以吉祥報之，行凶者以凶祥報之，其於人倫生殺之威，象緯行度之軌，未嘗差忒，豈非善能謀畫者也。

天網恢恢，踈而不失。

張自然之羅，故曰天網。縱太虛之寬，故曰恢恢。四達皇皇（廣大貌）是謂踈，幽明難逃是謂不失也。勇敢則殺，常不畏死，故次之以民常不畏死。

（以上第七十三章）

民常不畏死，奈何以死懼之。

不畏死有二義，達者得其常理而不畏死，愚者失其常理而不畏死。夫人生而靜天之性，樂生惡死人之常，耕而食，識而衣，安其居，樂其業，養生葬死，此世之常禮也。夫民存常性，官守常法，而無枉濫，皆得其死。民生死得常，則何畏之有？逮德下衰，不能無為，禁網繁密，民不聊生，盜竊為非，欺紿（dài，古同"詒"，欺騙）生亂，小恐惴惴（憂恐貌）而懷驚，大恐縵縵（沮喪貌）而忘死，如何刑法滋深，主司暴酷，更以大辟族誅之令恐懼良民哉？古本作"如之何其以死懼之。"

若使民常畏死,而爲奇者吾得執而殺之,孰敢?

畏死亦有二義:養生謹慎之人畏夭死而脩德也,造惡偷安之人畏刑死而矯法也。且人之自然也,含餔而熙乎憺怕,鼓腹而遊乎混茫,而不知老之將至,此順化之民也。今乃法令滋彰,動入死地,是使民常畏死也。民畏死則偷安其生,而興奇變姦詐之心以矯其法令,姦詐生而禍亂作,則主司者得專執而殺戮,砍其姦詐絕蹤,誰敢犯之者也。

常有司殺者殺。

河上公曰:"司殺者謂天居高臨下,司殺人之過。天網恢恢,踈而不失。"（語出《老子河上公章句·制惑》）言天鑒孔明（明達）,無所不察,何須椎相輐（wàn）斷（無稜角貌）、深嚴刑典也。杜光庭曰:"司,主也。大之養人也厚,愛人也至,南宮丹籙（lù,道教名冊）賞善而司生,北宮黑簿紀過而主死,天地萬神,司察善惡,以懲以勸,俾其革惡而遷善也。故有功者延年,有罪者奪筭（suàn,同"算"）,毫分無失,如陽官之考較焉。天有司命四司之星,在虛危之間,主人功過年壽。所謂天之司殺也,斜（tǒu,絲黃色）察罪福,使世人知脩善戒惡焉。人君以善教人,動懷慈恕,其不善者,天之司殺當自殺之,天網寬大,踈而不漏,違天反道,於何逃罪哉!"（語出《道德真經廣聖義卷·民常不畏死章》）

夫代司殺者，是謂代大匠斲。

夫主司苛察，專任刑法以代造化生殺之權者，如拙夫之代良工也。

夫代大匠斲，稀有不傷其手者矣。

夫以拙夫而代良匠斲木，豈唯殘材毀撲（疑當爲"璞"，與"材"相對，指淳樸狀態），抑亦傷手碎指矣。以喻主司代造化生殺之權，而輕肆其刑政，不惟誤害良民，抑亦斲喪和氣。夫天道高明，人識近蔽，用近蔽之人代高明之天，以致物理繆誤而失自然之治矣。民不畏死，惟懼於飢，故次之以民之飢。

（以上第七十四章）

民之飢，以其上食稅之多，是以飢。

夫民者，國之本也。政令煩則賦歛重，民貧乏則國本弊。是以君待民而食，上資下而立，君稅取多則上下同飢，剥下盈上則君人俱弊。杜光庭曰："立法垂憲，古有明文。食也充君之庖，稅也輸國之賦，什一之稅，務在其輕，賦重則民貧，賦輕則民足，民足則國泰，民貧則國危，理在酌中，法無太酷，所以鑄刑書而物怨，作丘賦而邦貧，齊侯以重歛致亡，田氏以厚施成霸（田氏代齊之事），皎然在①目，君宜鑒焉。（語出《道德真經廣聖義卷·民之饑章》）

---

① 《正統道藏》本"在"字處空一字，據《道德真經廣聖義卷》原文補。

民之難治，以其上之有爲，是以難治。

有爲則政煩，無爲則簡易，易則易從，煩則難治。夫上有擊鮮玉食之馹，則下有腐糗糟糠之美，網密令苛，故難治也。

民之輕死，以其求生之厚，是以輕死。

夫政令煩苛，賦斂重大，而民亡本業，亡業則觸法犯禁，輕就死地，以其各求養生之具太厚，致有蹈水火而不懼，逆白刃而不驚者，故曰是以輕死。

夫唯無以生爲者，是賢於貴生也。

夫貪生趨利，如羊就屠，自速其死耳。獨有外形忘生者，處皁（zào，同"皂"）隸（賤役）而不辱，食藜藿（líhuò。粗劣飯菜）而常甘，雖世事嶮巇（xiǎnxī。險峻崎嶇），亦陸沈（亦作"陸沉"，無水而沉，指隱居）而安隱，是有以異乎貴生者也。貴生，益生也，又自貴也。自貴其生者，謂身欲安逸，口欲厚味，形欲美服，目欲好色，耳欲音聲，若不得則大憂以懼，以至乎過貪分外而輕入死地也。民飢則精神散而輕死，足則柔和全而重生，故次之以民之生也柔弱。

（以上第七十五章）

民之生也柔弱，其死也堅強。

夫民之生也，含元和之氣，抱真一之精，形全神王，故其百骸柔弱。及乎死也，元和之氣散，真一之精竭，形虧神亡，故百骸堅強也。

萬物草木生也柔脆，其死也枯槁。

夫萬物草木生也，則天地之氣流行乎內，陰陽之液潤澤乎外，故春條青青而可結，夏葉敷榮而可卷者，柔脆也。逮乎死也，則天地之氣消散乎內，陰陽之液乾燥乎外，故秋實丹黃而凋落，冬枝焦朽而可折者，枯槁也。前明有識，此舉無情。無情者，以氣聚散爲榮枯；有識者，以道存亡爲生死。

故堅強者死之徒，柔弱者生之徒。

《開元御疏》曰："草木生則柔脆，死則堅強，則知人爲堅強之行，是入死之徒，爲柔弱之行，是出生之類也。"（語出《唐玄宗御製道德真經疏·人之生章》）嚴君平曰："陽氣之所居，木可卷而草可結也，陽氣之所去，水可凝而冰可折也。故神明陽氣生之根也，柔弱物之藥也。柔弱和順，生長之具，而神明陽氣之所託也，萬物隨陽氣以柔弱也，故堅強實死之形象，柔弱潤滑生之徒類也。"（語出《老子指歸·生也柔弱章》）

是以兵強則不勝，

王真①曰："夫兵者，凶險之器，鬭爭之具，所觸之境與敵對者也。兵強則君逸而將憍，將憍則卒暴，以逸君御憍將，憍將臨暴卒，且敗覆之不暇，何勝敵之有哉！故桀、紂以百萬之師而傾四海，始皇以一統之業而喪九州，項羽忽霸而遽亡，王莽②既篡而旋滅，符堅③狠狽於淮水，隋煬分崩於楚宮，此數家之兵皆多至數兆，少猶數億，無不恃其成以取敗，此皆兵強不勝之明驗也。"（語出《道德經論兵要義述·民之生章》）又兵者求勝非難，持勝其難，唯有道之君，乃能持勝，向數君之敗，皆由不能持勝之過也。

木強則共。

《開元御疏》曰："木本強大，故處於下，枝條柔弱，共生於上，蓋取其柔弱者在上，強梁者在下"故也。（語出《唐玄宗御製道德真經疏·人之生章》）

---

① 王真：唐憲宗時人，官拜朝議郎、漢州刺史，著有《道德經論兵要義述》，於元和四年（809年）向憲宗上此書。

② 王莽：（公元前45年—23年），字巨君，受漢朝劉氏禪讓，建立"新朝"（8年—23年在位）。中國傳統歷史學家一般都認為是王莽篡漢建立新朝，同時也有史學家認為他是一個社會改革者。

③ 符堅：即苻堅（338年—385年），字永固，一名文玉，略陽臨渭（今甘肅秦安）人，氐族，十六國時期前秦君主，在淝水之戰中敗於東晉。

強大處下，柔弱處上。

夫木之強榦大本常處於下，柔條弱枝常處於上，木猶如此，況於人乎？況於國乎？_{生氣存則柔弱，柔弱者謙之道，天道好謙，故次之以天之道。}

（以上第七十六章）

天之道，其猶張弓乎？

《開元御疏》曰："天道高遠，非喻莫明，故舉張弓之法，以昭天德之用。"_{（語出《唐玄宗御製道德真經疏・天之道章》）}

高者抑之，下者舉之，有餘者損之，不足者與之。

《開元御疏》曰："夫弓之為用，當合材定體，令弛張調利。抑高舉下者，為架箭之時準的也。損有餘與不足者，為發矢之時遠近也，如此則命中矣。"_{（語出《唐玄宗御製道德真經疏・天之道章》）}次結歸天道。《易》曰："立天之道曰陰與陽。"_{（語出《易・說卦》）}陽主升，陰主降，陽升極天則降，陰降極地則升，此抑高舉下張弓之象也。天道盈虛，一章七閏_{（古代曆法中十九年為一章，一個章中有七個閏月）}，損日之有餘，補月之不足。日月寒暑，一往一來，則歲功成矣。人君當法天道，抑強扶弱，損有利無，故舉虧盈益謙，欲令稱物平施爾。嚴君平曰："夫工人之為弓也，無殺無生，無翕無張，制以規矩，督以準繩，弦高急者寬而緩之，弦弛下者攝而上之，其有餘者削而損之，其不足者補而益之，弦質相任，上下相權，平正

爲主，調和爲常，故弓可秤而矢可行。夫按高舉下，損大益小，天地之道也。"（語出《老子指歸·天之道章》）

天之道損有餘補不足，人之道則不然，損不足以奉有餘。

《開元御疏》曰："此明人道不能同天道之損益而哀（póu，減少）多益寡也。"（語出《唐玄宗御製道德真經疏·天之道章》）在《易》之損下益上曰損，損上益下曰益，以下爲本也。☷☶損，損下益上，其道上行，夫在泰卦，而損下益上，遂變而爲損。☷☰，損上益下，民說無疆，夫在否卦，而損上益下，遂變而爲益。此聖人設卦觀象之法也。

孰能以有餘奉天下，唯有道者。

此設問答詳解其義。問曰：誰能同天道下濟以卹（xù，同"恤"）於人，減損有餘之爵祿，以奉天下孤寒不足之人乎？答曰：唯有道之士、聖君、哲人乃能然也。而言奉者，明聖君居物之上，心不忘下，一如卑者之奉尊，不以高貴加人也。

是以聖人爲而不恃，功成不處，其不欲見賢。

夫聖人者，圓通爲智，因物爲心，整萬物而不爲義，澤及萬世而不爲仁，長於上古而不爲壽，覆載天地刻雕衆形而不爲巧，豈以己所施爲矜恃其美，功成事遂固處其位哉？

夫惟不恃不處,故能爲羣材之帥也。天道益寡損餘,抑高舉下,唯有道者法之柔弱,故次之以天下柔弱莫過於水。

(以上第七十七章)

天下柔弱莫過於水,而攻堅強者莫之能勝,其無以易之。

夫天下之物,柔弱之極者無過於水,而貫金石攻堅強無有能勝之者,又爲人壅(堵塞)止決流,處方置圓,坎險高下,汙瀆百數,以其柔弱之性終無以移易之。

故柔勝剛,弱勝強,天下莫不知,莫能行。

夫水之滅火,陰之制陽,舌柔而存,齒剛則折,此天下莫不知、世俗之所共聞也。而乃各師其心,莫能行其柔弱之道,老氏所以重歎息,故引聖人之言以明柔弱之行也。

是以聖人言:受國之垢,是謂社稷主。

聖人言者,三墳之遺文也,或老氏謙辭。言人君能含受垢穢,引萬方之罪在余一人(君主),余一人有罪,無以汝萬方,則民仰德美而不離散,可以常奉社稷而爲主矣。《鴻烈解》曰:"晉伐楚,三舍(古代一舍三十里,三舍爲九十里)不止,大夫請擊之。莊王曰:先君之時,晉不伐楚,及孤之身而晉伐楚,是孤之過也,若何其辱?羣大夫曰:先臣之時,晉不伐楚,今臣之身而晉伐楚,此臣之罪也,請王擊之。王俛(fǔ,同

"俯")而泣涕沾衿,起而拜羣大夫。晋人闻之曰:君臣争以过爲在己,且轻下其臣,不可伐也,夜还师而归。此受国之垢,是谓社稷一也。"(语出《淮南子·道应训》)帝王立国,左宗庙而右社稷,宗庙以尊祖配天,社稷以尊稼穑、备粢盛,爲生民粒食之本也。人以食爲天,故有国必先社稷而王者爲之主也。

受国不祥,是谓天下王。

人君能谦虚用柔,受国不祥,则四海归仁、六合宅心,是谓天下王矣。传曰:"山泽纳污,国君含垢(耻辱,喻指气度广大、包容一切)"(语出《左传·宣公十五年》)是也。《鸿烈解》曰:"宋景公①之时,荧惑在心②,公惧,召子韦(宋国掌观天象)而问曰:荧惑在心,何也?子韦曰:荧惑,天罚也。心,宋分野。祸且当君,虽然,可移於宰相。公曰:宰相使治国家也,而移死焉,不祥。子韦曰:可移於民。公曰:民死,寡人谁爲君乎?子韦曰:可移於岁。公曰:岁,民之命。岁饥,民必死。爲人君而欲杀民以自活,其谁以我爲君乎?寡人之命固已尽矣,子无复言。子韦再拜曰:敢贺君,天处高而听卑,君有君人之言

---

① 宋景公:(?—公元前469年),子姓,名栾,宋元公之子,公元前516年至前469年在位。

② 荧惑在心:古人以火星爲荧惑,心则是二十八宿之一的心宿,传统以心宿代表皇室,故火星留於心宿是一大凶兆。

三,天必三賞君。今夕星必徙三舍,舍行七里①,故君延年二十一歲,臣請伏於陛下以伺之。是夕也,星果徙三舍。"（語出《淮南子·道應訓》）此受國不祥爲天下王也。

正言若反。

夫能行柔弱,則爲君主;尚剛強,則招禍咎;聖人受垢惡,永保元吉;世俗樂美榮,終致災凶;正言俗意不反如此。水之受垢,衆惡皆和,故次之以和大怨。

（以上第七十八章）

和大怨,必有餘怨。

國君不能無爲謙弱,民乃多欲好爭,遂使輕生徇死之徒,攘臂於道術,而國君設教立法以繩之。殺人者死,傷人者刑,以和報其怨,而翻濟其怨,有怨而和之,未若無怨而不和也。徒知和其大怨,而不省其大怨之所由興,雖和之以至公,而不免有餘怨;是猶代大匠斵木,稀有不傷手矣。若乃以無心至德報之者,幾乎造物哉?

安可以爲善。

夫聖賢本以刑政和報其怨惡,奈何姦詐愈甚而怨望益多,如是則安可以爲善哉?

---

① 清人王念孫說:"'七里'當爲'七星'",一舍七星,三舍則爲二十一星,故言其延壽二十一年。

是以聖人執左契而不責於人。

陸希聲曰:"古者結繩爲約而民不欺,破木爲契而民不違者,聖人無常心,以百姓心爲心也。聖人之心與百姓心猶左右契耳,契來則合而不責於人,故上下相親,怨用不作。"(語出《道德真經傳》)李榮①曰:"古者聖人刻木爲契,君執其左,臣執其右,合之以爲信,不復制以法律,故不責於人。"(語出《道德真經注·七十九章》)不責,何怨和之有。

故有德司契,無德司徹。

徹,通也,道也。司,主也。有德者謂中古之君,無文書法律,但刻契合符以爲信約,而民自從化,故稱有德也。無德謂遠古之君,德大無名,物皆自然,穴處巢居,各安其分,其君無思無慮,朝徹(cháochè。一瞬悟道)見獨(洞見大道),不爲不恃,道冥德淵,無契可司,但司其通徹(通貫知曉)而已,故稱無德焉。此杜光庭說也。舊說以徹爲跡,或謂作軌法以通人則凋弊生,故曰無德也。今取杜說爲長。

---

① 李榮:生卒年不詳,約活動於唐高宗(649年—683年在位)時,道號任真子,綿州巴西人(今四川綿陽市),唐代道教重玄派的代表人物之一,著有《老子注》、《莊子注》、《西升經注》等,皆亡佚。

天道無親,常與善人。

天道無私,惟善是與,所謂天網恢恢,踈而不失,是以上善之人自然符會,何用司契而責於人哉?此復太古之風也。和怨則怨未盡,息怨則無爲,無爲則在小而不貪,故次之以小國寡民。

(以上第七十九章)

小國寡民,使有什伯之器而不用。

什,伍也。伯,長也。器,材器也。夫國小能自守,民寡能自足,可以反乎太古矣。使民各有部曲什伯,令其貴賤不相犯,由君之無爲,故民資業豐盛、材器偉奇而無所施用,此至治之極也。

使民重死而不遠徙。

君無爲則德化淳,民質朴則不輕死,崇本棄末,耕食織衣,各戀舊鄉而不遷徙,雖軒皇、几蘧(二者均爲上古帝王名)之治,不足過也。

雖有舟輿,無所乘之。

刳木爲舟以濟水,斲輪爲輿以通陸,蓋適遠之用也。今論守道之君,大國不過欲兼畜人,小國不過欲入事人,不相侵奪,不相貿易,有舟有車,棄而弗用。莊子曰:"至德之世,山無蹊隧,澤無舟梁,萬物羣生,連屬其鄉。"(語出《莊子·馬蹄》)此之謂也。

雖有甲兵,無所陳之。

甲兵所設,本以討逆臣、禦亂寇而已。君既無爲,下乃守職,百姓不撓,四境帖然（順從）,則甲兵無所陳設也。

使民復結繩而用之。

《開元御疏》曰:"古者書契未興,結繩紀事。"（語出《唐玄宗御製道德真經疏·小國寡民章》）《繫辭》曰:"上古結繩而治,後代聖人易之以書契。"（語出《易·繫辭下》）結繩之代,人人淳朴,文字既興,詐僞日漸,今將使人忘情去欲,歸於淳古,故使民復結繩而用之。

甘其食,美其服,安其居,樂其俗。

夫君上無欲而民自樸,嗜好不生,民乃知足。雖蔬食藜羹（用藜菜作的羹,泛指粗劣的食物）而飽滿淡味爲甘,葛衣鹿裘而溫涼無文爲美,茅茨蓬藋而風雨不侵爲安,南炎北冱（寒冷）而水土任適爲樂,自然俗無夭傷、土無札瘲（因瘟疫而死亡）也。

鄰國相望,雞犬之音相聞,民至老死不相往來。

鄰國相望,言郡縣相接也;雞犬相聞,謂民豐境近也;民至老死,言無戰敵而壽終;不相往來,猶魚相忘於江湖、人相忘於道術。此可以同赫胥、尊盧氏（二氏均爲傳說中上古帝王名）之風也。民各知足則信實而不華,故次之以信言不美。

（以上第八十章）

信言不美,美言不信。

信實之言,淡乎無味,其猶水也,淡則能久,不美者以其質也。美好之言,甘而滋溢,其猶醴(lǐ,甜酒)也,甘則易絕,不信者以其華也。

善者不辯,辯者不善。

善於心者貴能行,不辯者本其素樸,辯於口者貴能說,不善者滯於是非。

知者不博,博者不知。

夫知者,謂知道也。明理知本,得其要而已,何必博乎?所謂少則得也。《西升經》曰:"子得一而萬事畢,無心得而鬼神伏也。"(語出《西升經‧無思章》)博謂博通物務,攻異端求彼是而已。不知者謂多則惑也。莊子曰:"文滅質,博溺心"(語出《莊子‧繕性》)是矣。

聖人不積,既以爲人己愈有,既以與人己愈多。

積者,蘊聚也。聖人道濟天下,不蘊德以自高,積而能散,不蓄財以自潤,既不滯功於外,亦不聚智於內,二者俱通,故曰不積。莊子曰:"天道運而無所積,故萬物成;帝道運而無所積,故天下歸;聖道運而無所積,故海內服。"(語出《莊子‧天道》)夫聖人所以不積者,演道德以爲人,人受其益而聖德愈明,如鑑照人,不藏好惡,而鑑之明未嘗少減,此喻內智也。分財利以與貧，貧受其賜而財愈多，如井任汲，普蒙利潤而井泉清徹不竭，此況外功也。開元御本二句並作"既以與人"。

天之道，利而不害。

天道陽也，故好生而惡殺，春夏生育之，秋冬成熟之，是利而不害也。

聖人之道，爲而不爭。

夫聖人之道，在所施爲也，所爲順理，不與物爭者，是以法天道而然也。信言不美，絕辯忘言，強名復泯，還歸妙本也。

（以上第八十一章）

右老氏經二篇，統論空洞虛無、自然道德、神明太和、天地陰陽、聖人侯王、士庶動植之類，所謂廣大而無不蘊，細微而無不襲也。約而語之，上之首章明可道、常道爲教之宗，敘體而合乎妙。上之末章以無爲無不爲陳教之旨，敘用而適乎道。故體用兼忘、始末相貫也。下之首章明有德無德爲教之應，因時之澆淳（浮薄風氣破壞淳厚之風）而次乎妙也。下之末章以信言不信言爲教之用，任物之華實而施乎道也。是以因時任物而不逆不爭，是有其元德而大順於造化，復其常道而入於妙門者矣。

參考文獻

1、[宋]陳景元撰:《道德真經藏室纂微篇》,《正統道藏》第13冊,文物出版社、上海書店、天津古籍出版社1988年影印涵芬樓本。

2、[宋]陳景元撰:《道德真經藏室纂微篇》,《中華道藏》第10冊,華夏出版社2004年。

3、[元]薛致玄撰:《道德真經藏室纂微開題科文疏》,《正統道藏》第13冊,文物出版社、上海書店、天津古籍出版社1988年影印涵芬樓本。

4、蒙文通著:《道書輯校十種》,成都,巴蜀書社,2001年。

5、蒙文通著:《古學甄微》,成都,巴蜀書社,1987年。

6、卿希泰主編:《中國道教史》(修訂本),成都,四川人民出版社,1996年第2版。

7、胡孚琛主編:《中華道教大辭典》,北京,中國社會科學出版社,1995年。

8、鐘肇鵬主編:《道教小辭典》,上海,上海辭書出版社,2001年。

圖書在版編目（CIP）數據

道德真經藏室纂微篇/（宋）陳景元著；張永路校注. --北京：華夏出版社，2016.7
（中國傳統：經典與解釋）
ISBN 978-7-5080-8831-0

Ⅰ.①道… Ⅱ.①陳… ②張… Ⅲ.① 道家 ②《道德經》—注釋 Ⅳ.①B223.12

中國版本圖書館CIP數據核字(2016)第 115930 號

道德真經藏室纂微篇

作　　者	（宋）陳景元
校　　注	張永路
責任編輯	王霄翎
責任印制	劉　洋
出版發行	華夏出版社
經　　銷	新華書店
印　　刷	三河市少明印務有限公司
裝　　訂	三河市少明印務有限公司
版　　次	2016 年 7 月北京第 1 版
	2016 年 7 月北京第 1 次印刷
開　　本	880×1230　1/32
印　　張	7.25
字　　數	100 千字
定　　價	42.00 元

華夏出版社　地址：北京市東直門外香河園北里 4 號　　郵編：100028
　　　　　　　網址：www.hxph.com.cn　　電話：(010)64663331(轉)
若發現本版圖書有印裝質量問題，請與我社營銷中心聯繫調換。

西方传统：经典与解释
Classici et Commentarii
HERMES
刘小枫◎主编

古今丛编

孟德斯鸠的自由主义哲学——《论法的精神》疏证
[美]潘戈 著

莫尔及其乌托邦
[德]考茨基 著

试论古今革命
[法]夏多布里昂 著

托兰德与激进启蒙
刘小枫 编

图书馆里的古今之战
[英]斯威夫特 著

但丁：皈依的诗学
[美]弗里切罗 著

在西方的目光下
[英]康拉德 著

大学与博雅教育
董成龙 编

探究哲学与信仰——基尔克果与苏格拉底
[美]郝岚 著

民主的本性——托克维尔的政治哲学
[法]马南 著

梅尔维尔的政治哲学——《切雷诺》及其解读
李小均 编/译

席勒美学的哲学背景
[美]维塞尔 著

果戈里与鬼
[俄]梅列日科夫斯基 著

自传性反思
[德]沃格林 著

黑格尔与普世秩序
[美]希克斯 等著

新的方式与制度——马基雅维利的《论李维》研究
[美]曼斯菲尔德 著

科耶夫的新拉丁帝国
[法]科耶夫 等著

《利维坦》附录
[英]霍布斯 著

巨人与侏儒
[美]布鲁姆 著

或此或彼（上、下）
[丹麦]基尔克果 著

海德格尔式的现代神学
刘小枫 选编

双重束缚
[美]基拉尔 著

古今之争中的核心问题
——施米特的学说与施特劳斯的论题
[德]迈尔 著

论永恒的智慧
[德]苏索 著

宗教经验种种
[美]詹姆斯 著

尼采反卢梭
[美]凯斯·安塞尔–皮尔逊 著

舍勒思想评述
[美]弗林斯 著

诗与哲学之争
[美]罗森 著

神圣与世俗
[罗]伊利亚德 著

论古人的智慧
[英]培根 著

但丁的圣约书
[美]霍金斯 著

古典学丛编

雅典谐剧与逻各斯
——《云》中的修辞、谐剧性及语言暴力
[美]奥里根 著

莱园哲人伊壁鸠鲁
罗晓颖 选编

《劳作与时日》笺释
吴雅凌 撰

希腊古风时期的真理大师
[法]德蒂安 著

古罗马的教育
[英]葛怀恩 著

古典学与现代性
刘小枫 编

表演文化与雅典民主制
[英]戈尔德希尔、奥斯本 编

西方古典文献学发凡
刘小枫 编

古典语文学常谈
[德]克拉夫特 著

古希腊文学常谈
[英]多佛 等著

撒路斯特与政治史学
刘小枫 编

希罗多德的王霸之辨
吴小锋 编/译

第二代智术师——罗马帝国早期的文化现象
[英]安德森 著

英雄诗系笺释
[古希腊]荷马 著

统治的热望
——修昔底德笔下的阿尔喀比亚德和帝国政治
[美]福特 著

论埃及神学与哲学——伊希斯与俄赛里斯
[古希腊]普鲁塔克 著

凯撒的剑与笔
李世祥 编/译

伊壁鸠鲁主义的政治哲学
[意]詹姆斯·尼古拉斯 著

修昔底德笔下的人性
[加]欧文 著

修昔底德笔下的演说
[美]斯塔特 著

古希腊政治理论
[美]格雷纳 著

神谱笺释
吴雅凌 撰

赫西俄德：神话之艺
[法]居代·德·拉孔波 等著

赫拉克勒斯之盾笺释
罗逍然 译笺

《埃涅阿斯纪》章义
王承教 选编

维吉尔的帝国
[美]阿德勒 著

塔西佗的政治史学
曾维术 编

古希腊诗歌丛编

诗歌与城邦
[美]费拉格、纳吉 主编

阿尔戈英雄纪（上、下）
[古希腊]阿波罗尼俄斯 著

俄耳甫斯教祷歌
吴雅凌 编译

俄耳甫斯教辑语
吴雅凌 编译

古希腊肃剧注疏集
希腊肃剧与政治哲学
[美]阿伦斯多夫 著

古希腊礼法
希腊人的正义观
[英]哈夫洛克 著

廊下派集
廊下派的城邦观
[英]斯科菲尔德 著

希伯莱圣经历代注疏
希腊化世界中的犹太人
[英]威廉逊 著

第一亚当和第二亚当
[德]朋霍费尔 著

新约历代经解
属灵的寓意
[古罗马]俄里根 著

基督教与古典传统

无执之道——埃克哈特神学思想研究
[德]文森 著

恐惧与战栗
[丹麦]基尔克果 著

托尔斯泰与陀思妥耶夫斯基
[俄]梅列日科夫斯基 著

论宗教大法官的传说
[俄]罗赞诺夫 著

海德格尔与有限性思想（重订版）
刘小枫 选编

上帝国的信息
[德]拉加茨 著

基督教理论与现代
[德]特洛尔奇 著

亚历山大的克雷芒
[意]塞尔瓦托·利拉 著

中世纪的心灵之旅——波纳文图拉神学著作选
[意]圣·波纳文图拉 著

德意志古典传统丛编

穆佐书简
[奥]里尔克 著

纪念苏格拉底——哈曼文选
刘新利 选编

夜颂中的革命和宗教——诺瓦利斯选集卷一
[德]诺瓦利斯 著

大革命与诗话小说——诺瓦利斯选集卷二
[德]诺瓦利斯 著

黑格尔的观念论
[美]皮平 著

浪漫派风格——施莱格尔批评文集
[德]施莱格尔 著

美国宪政与古典传统

美国1787年宪法讲疏
[美]阿纳斯塔普罗 著

品达注疏集

幽暗的诱惑——品达、晦涩与古典传统
[美]汉密尔顿 著

阿里斯托芬集

《阿卡奈人》笺释
[古希腊]阿里斯托芬 著

色诺芬注疏集

居鲁士的教育
[古希腊]色诺芬 著

色诺芬的《会饮》
[古希腊]色诺芬 著

柏拉图注疏集

哲学的奥德赛——《王制》引论
[美]郝兰 著

爱欲与启蒙的迷醉——论柏拉图的《会饮》
[美]贝尔格 著

为哲学的写作技艺一辩——《斐德若》疏证
[美]伯格 著

柏拉图式的迷宫——《斐多》义疏
[美]伯格 著

人应该如何生活
[美]布鲁姆 著

情敌
[古希腊]柏拉图 著

哲学如何成为苏格拉底式的
[美]朗佩特 著

苏格拉底与希琵阿斯
王江涛 编译

理想国
[古希腊]柏拉图 著

谁来教育老师——《普罗塔戈拉》发微
刘小枫 编

立法者的神学——柏拉图《法义》卷十绎读
林志猛 编

柏拉图对话中的神
[德]薇依 著

厄庇诺米斯
[古希腊]柏拉图 著

智慧与幸福——柏拉图的《厄庇诺米斯》
程志敏 选编

论柏拉图对话
[德]施莱尔马赫 著

柏拉图《美诺》疏证
[美]克莱因 著

政治哲学的悖论——苏格拉底的哲学审判
[美]郝岚 著

神话诗人柏拉图
张文涛 选编

阿尔喀比亚德
[古希腊]柏拉图 著

叙拉古的雅典异乡人——柏拉图《书简七》探幽
彭磊 选编

阿威罗伊论《王制》
[阿拉伯]阿威罗伊 著

《王制》要义
刘小枫 选编

柏拉图的《会饮》
[古希腊]柏拉图 等著

苏格拉底的申辩
[古希腊]柏拉图 著

苏格拉底与政治共同体
[美]尼科尔斯 著

政制与美德——柏拉图《法义》疏解
[美]潘戈 著

《法义》导读
[法]卡斯代尔·布舒奇 著

论真理的本质
[德]海德格尔 著

哲人的无知
[德]费勃 著

米诺斯
[古希腊]柏拉图 著

亚里士多德注疏集

品格的技艺
[美]加佛 著

亚里士多德哲学的基本概念
[德]海德格尔 著

《政治学》疏证
[意]托马斯·阿奎那 著

尼各马可伦理学义疏
——亚里士多德与苏格拉底的对话
[美]伯格 著

哲学之诗——亚里士多德《诗学》解诂
[美]戴维斯 著

对亚里士多德的现象学解释
[德]海德格尔 著

城邦与自然——亚里士多德与现代性
刘小枫 编

论诗术中篇义疏
[阿拉伯]阿威罗伊 著

哲学的政治——亚里士多德《政治学》疏证
[美]戴维斯 著

莎士比亚绎读

莎士比亚的历史剧
[英]蒂利亚德 著

莎士比亚笔下的爱与友谊
[美]布鲁姆 著

莎士比亚戏剧与政治哲学
彭磊 选编

莎士比亚的政治盛典
[美]阿鲁里斯/苏利文 编

丹麦王子与马基雅维利
罗峰 选编

洛克集

上帝、洛克与平等
[美]沃尔德伦 著

卢梭集

论哲学生活的幸福
[德]迈尔 著

致博蒙书
[法]卢梭 著

政治制度论
[法]卢梭 著

哲学的自传——卢梭的《孤独漫步者的遐思》
[法]卢梭 著

文学与道德杂篇
[法]卢梭 著

设计论证——卢梭的《社会契约论》
[美]吉尔丁 著

卢梭的自然状态
[美]普拉特纳 等著

卢梭的榜样人生——作为政治哲学的《忏悔录》
[美]凯利 著

莱辛注疏集

汉堡剧评
[德]莱辛 著

关于悲剧的通信
[德]莱辛 著

《智者纳坦》研究版
[德]莱辛 等著

启蒙运动的内在问题——莱辛思想再释
[美]维塞尔 著

莱辛剧作七种
[德]莱辛 著

历史与启示——莱辛神学文选
[德]莱辛 著

论人类的教育——莱辛政治哲学文选
[德]莱辛 著

尼采注疏集

尼采引论
[德]施特格迈尔 著

尼采与基督教——尼采的《敌基督》论集
刘小枫 编

尼采眼中的苏格拉底
[美]丹豪瑟 著

尼采的使命——《善恶的彼岸》绎读
[美]朗佩特 著

尼采与现时代——解读培根、笛卡尔与尼采
[美]朗佩特 著

动物与超人之间的绳索
[德]A.彼珀 著

施特劳斯集

苏格拉底问题与现代性[增订本]
——施特劳斯演讲与论文集:卷二
[美]列奥·施特劳斯 著

政治哲学与启示宗教的挑战
[德]迈尔 著

霍布斯的宗教批判
[美]列奥·施特劳斯 著

斯宾诺莎的宗教批判
[美]列奥·施特劳斯 著

门德尔松与莱辛
[美]列奥·施特劳斯 著

哲学与律法——论迈蒙尼德及其先驱
[美]列奥·施特劳斯 著

迫害与写作艺术
[美]列奥·施特劳斯 著

柏拉图式政治哲学研究
[美]列奥·施特劳斯 著

阅读施特劳斯
[美]斯密什 著

《会饮》讲疏
[美]列奥·施特劳斯 著

柏拉图《法义》的论辩与情节
[美]列奥·施特劳斯 著

什么是政治哲学
[美]列奥·施特劳斯 著

古典政治理性主义的重生
[美]列奥·施特劳斯 著

施特劳斯与流亡政治学
[美]谢帕德 著

犹太哲人与启蒙——施特劳斯演讲与论文集：卷一
[美]列奥·施特劳斯 著

回归古典政治哲学——施特劳斯通信集
[美]列奥·施特劳斯 著

隐匿的对话——施米特与施特劳斯
[德]迈尔 著

苏格拉底与阿里斯托芬
[美]列奥·施特劳斯 著

驯服欲望——施特劳斯笔下的色诺芬撰述
[法]科耶夫 等著

论僭政（重订本）——色诺芬《希耶罗》义疏
[美]施特劳斯科耶夫 著

施米特集

施米特对自由主义的批判
[美]麦考米特 著

宪法专政——现代民主国家中的危机政府
[美]罗斯托 著

施米特对自由主义的批判
[美]约翰·麦考米克 著

伯纳德特集

古典诗学之路（重订版）
——相遇与反思：与伯纳德特聚谈
[美]伯格 编

弓与琴（重订版）——从柏拉图解读《奥德赛》
[美]伯纳德特 著

神圣的罪业
[美]伯纳德特 著

大学素质教育读本

古典诗文绎读 西学卷·古代编（上、下）

古典诗文绎读 西学卷·现代编（上、下）

中国传统：经典与解释
Classici et Commentarii

刘小枫 陈少明◎主编

《毛诗》郑王比义发微 / 史应勇 著

宋人经筵诗讲义四种 / [宋]张纲 等撰

道德真经藏室纂微篇 / [宋]陈景元 撰

道德真经四子古道集解 / [金]寇才质 撰

皇清经解提要 / [清]沈豫 撰

经学通论 / [清]皮锡瑞 著

药地炮庄 / [明]方以智 著

药地炮庄笺释·总论篇 / [明]方以智 著

青原志略 / [明]方以智 原编

冬灰录 / [明]方以智 著

冬炼三时传旧火 / 邢益海 编

松阳讲义 / [清]陆陇其 著

起凤书院答问 / [清]姚永朴 撰

周礼疑义辨证 / 陈衍 撰

《铎书》校注 / 孙尚扬 肖清和 等校注

韩愈志 / 钱基博 著

论语辑释 / 陈大齐 著

《庄子·天下篇》注疏四种 / 张丰乾 编

荀子的辩说 / 陈文洁 著

古学经子 / 王锦民 著

经学以自治 / 刘少虎 著

从公羊学论《春秋》的性质 / 阮芝生 撰

经典与解释辑刊（刘小枫 陈少明 主编）

1 柏拉图的哲学戏剧
2 经典与解释的张力
3 康德与启蒙
4 荷尔德林的新神话
5 古典传统与自由教育
6 卢梭的苏格拉底主义
7 赫尔墨斯的计谋
8 苏格拉底问题
9 美德可教吗
10 马基雅维利的喜剧
11 回想托克维尔
12 阅读的德性
13 色诺芬的品味
14 政治哲学中的摩西
15 诗学解诂
16 柏拉图的真伪
17 修昔底德的春秋笔法
18 血气与政治
19 索福克勒斯与雅典启蒙
20 犹太教中的柏拉图门徒
21 莎士比亚笔下的王者
22 政治哲学中的莎士比亚
23 政治生活的限度与满足
24 雅典民主的谐剧
25 维柯与古今之争
26 霍布斯的修辞
27 埃斯库罗斯的神义论
28 施莱尔马赫的柏拉图
29 奥林匹亚的荣耀
30 笛卡尔的精灵
31 柏拉图与天人政治
32 海德格尔的政治时刻
33 荷马笔下的伦理
34 格劳秀斯与国际正义
35 西塞罗的苏格拉底
36 基尔克果的苏格拉底
37 《理想国》的内与外
38 诗艺与政治
39 律法与政治哲学
40 古今之间的但丁
41 拉伯雷与赫尔墨斯秘学
42 柏拉图与古典乐教
43 孟德斯鸠论政制衰败
44 博丹论主权

刘小枫集

诗化哲学［重订本］
拯救与逍遥［修订本］
走向十字架上的真
这一代人的怕和爱［增订本］
现代性与现代中国：现代性社会理论绪论
沉重的肉身
圣灵降临的叙事［增订本］
罪与欠
西学断章
现代人及其敌人
儒教与民族国家
拣尽寒枝
施特劳斯的路标
重启古典诗学
共和与经纶
设计共和
古典学与古今之争
卢梭与我们
好智之罪：普罗米修斯神话通释
民主与爱欲：柏拉图《会饮》绎读
民主与教化：柏拉图《普罗塔戈拉》绎读
巫阳招魂：《诗术》绎读

编修［博雅读本］

凯若斯：古希腊语文读本［全二册］
古希腊语文学述要
雅努斯：古典拉丁语文读本
古典拉丁语文学述要
危微精一：政治法学原理九讲
琴瑟友之：钢琴与古典乐色十讲